A prática da autoterapia fundamentada
nos ensinamentos do Cristo

Copyright© 2022 by Literare Books International
Todos os direitos desta edição são reservados à Literare Books International.

Presidente:
Mauricio Sita

Vice-presidente:
Alessandra Ksenhuck

Diretora executiva:
Julyana Rosa

Diretora de projetos:
Gleide Santos

Capa:
Diamante digital

Ilustrações:
Danieli Santos

Diagramação e projeto gráfico:
Gabriel Uchima

Revisão:
Rodrigo Rainho

Relacionamento com o cliente:
Claudia Pires

Impressão:
Gráfica Paym

Dados Internacionais de Catalogação na Publicação (CIP)
(eDOC BRASIL, Belo Horizonte/MG)

S237l	Santos, Danieli. A luz em minha vida / Danieli Santos. – 2.ed. – São Paulo, SP: Literare Books International, 2022. 14 x 21 cm

ISBN 978-65-5922-338-1

1. Literatura de não-ficção. 2. Autoconhecimento.
3.Espiritualidade. 4. Vida cristã. I. Título.

CDD 248.4

Elaborado por Maurício Amormino Júnior – CRB6/2422

Literare Books International.
Rua Antônio Augusto Covello, 472 – Vila Mariana – São Paulo, SP.
CEP 01550-060
Fone: +55 (0**11) 2659-0968
site: www.literarebooks.com.br
e-mail: literare@literarebooks.com.br

A LUZ EM MINHA VIDA

A prática da autoterapia fundamentada nos ensinamentos do Cristo

Agradecimentos

Pela realização deste trabalho e pela confiança depositada em mim, agradeço aos meus amigos Mauren e Betânia Marquetti por serem meus maiores incentivadores, desde quando este livro era apenas um conjunto de reflexões escritas como *hobby*.

Sou imensamente grata ao meu esposo, Emanoel A. Barreiros, por ser meu companheiro nessa jornada de transformação, durante a qual sempre me incentivou a realizar os meus sonhos.

E agradeço à Helen K. G. Rizzi, que, com seu trabalho de estruturação e revisão textual, foi a responsável por dar vida a esta obra, ajudando a transformar este sonho em realidade, com muito carinho e dedicação.

Dedicatória

Dedico este livro, primeiramente, ao meu Pai criador, que me concedeu o grande presente que é a vida.

Dedico-o, também, aos meus avós – Olga, Boleslau, Alice e José; a meus pais – Marli e Nilton; e a meus padrinhos – Roberto e Jusara; que me oportunizaram toda possibilidade de vida e me instruíram ao caminho de Cristo.

Prefácio

Nesta obra, a autora nos instiga a reflexões que há muito deveriam ocupar espaço cativo em nossa mente, sobretudo em nosso coração. Corajosa e prática, traz à tona frases e feitos conhecidos de uma *persona* que, segundo ela, é o maior terapeuta da história, num formato que, até então, para mim, havia passado despercebido.

Meditando sobre as informações e as análises por ela realizadas, sinto o quanto me distanciei de viver uma vida realmente plena até aqui. Com exemplos ricos de conteúdo e orientações libertadoras, porém com tamanha simplicidade, que talvez por isso passaram batidas, essa *persona* é verdadeira luz.

Este livro se destina àqueles entre nós que, ante o frenesi diário, confusos, conflitados, frágeis e sofridos, mas não mais iludidos com receitas prontas, buscam um roteiro seguro, um norte magnético, um sentido realmente digno para o realinhamento de nossa jornada a caminho da abundância, da saúde e da paz de espírito.

A autora apresenta um sol de quinta grandeza que aquece, energiza e ilumina, acessível e disponível a todos, que neste livro amanhece e clareia o caminho da plenitude por meio da óptica psicoterapêutica, mas, sobretudo, da vida cotidiana.

Leia, reflita, sinta, aplique, exercite, seja feliz!

Emanoel Alves Barreiros

Introdução

Sempre pensei que Jesus fosse patrimônio da "instituição Igreja". Achava que seria pecado ou, no mínimo, inadequado, falar d'Ele em ambiente profissional. Acreditava que só seria possível encontrá-lo nos templos e que, por sermos tão distantes em termos de evolução, não poderia sequer ousar algum tipo de comparação entre esse ser divino e um ser humano como eu.

Meus primeiros contatos com Jesus foram dentro da igreja e daquela velha perspectiva: Ele lá no altar e eu aqui embaixo. Quanto mais eu olhava para sua imagem representada, mais me sentia insignificante e impotente diante das atrozes experiências da vida.

A minha relação com Ele se tornava ainda mais difícil quando eu refletia sobre o fato de ter morrido na cruz para nos libertar – enquanto humanidade – dos nossos pecados. Essa ideia me causava um sentimento incompreendido de vergonha, e a culpa me tomava de assalto, por ser tão pecadora ao ponto de Ele precisar passar por tudo que passou para que eu pudesse "ter uma chance".

O modo como conheci Jesus e a possível relação que me foi apresentada para ter com Ele só nos deixava mais distantes. Eu já estava convicta de que somente uma pessoa muito forte, evoluída e pura seria digna de se aproximar de Jesus e que, quanto a isso, minha sorte era pouca.

Apesar de todo distanciamento, nunca deixei de admirá-Lo, nem de me voltar a Ele nos momentos de necessidade, em que somente um poder superior e divino me traria alguma esperança. Mas, mesmo nessas horas, nas preces diárias, nos momentos de necessidade, de aflição e de dúvida, dirigia-me a Ele como se estivesse falando com um ser inalcançável, do qual eu seria sempre indigna.

Os mesmos anseios que me faziam recorrer a Jesus foram os que me conduziram ao mundo da terapia. Nesse novo mundo, no entanto, a busca de todas as respostas, de todas as soluções, de todas as compreensões e transformações indicavam sempre, primeiro, para dentro de mim. Com algum tempo percorrendo esse caminho para o lado de dentro, acabei conhecendo um outro Jesus – não que o primeiro ao qual me refiro tivesse deixado de existir, Ele sempre foi o mesmo, a diferença era que, dessa vez, eu conseguia me aproximar d'Ele um pouco mais.

Eu já havia conhecido as histórias que a Bíblia conta sobre a vida, os feitos e a morte de Jesus. Algumas dessas histórias, inclusive, do modo como me foram apresentadas, em grande parte das vezes me causaram mais confusão do que esclarecimento. Algo dentro de mim, contudo, insistia em dizer que não haveria de ser só isso, a interpretação "ao pé da letra", mas que, considerando a história, as metáforas, a ciência, a física, eu poderia encontrar uma verdade mais ampla sobre tudo o que me fora ensinado até então sobre Jesus, os milagres, a fé, o mundo e a minha própria natureza.

Foi nessa fase de tantos questionamentos na minha vida, no ano de 2008, que pude conhecer, por meio da junção de referências da Psicologia Transpessoal Consciencial, da Física Quântica e de estudos bíblicos aprofundados, uma nova perspectiva sobre a passagem de Jesus pela Terra, que fez muito mais sentido para mim e que contribuiu muito mais para o meu desenvolvimento pessoal e para a minha vida espiritual.

Tornando-me terapeuta, quanto mais acesso eu tive às teorias que embasam os meus métodos de trabalho, mais consegui perceber o quanto tudo que está relacionado à nossa cura interior já foi experienciado, superado e deixado como exemplo para nós por meio da história da vida de Jesus. E percebê-lo como um ser que viveu uma experiência humana, sujeito às mesmas emoções e sensações que eu e você experimentamos em nossa existência, começou a diminuir gradativamente aquele distanciamento que eu sentia entre nós.

De tudo o que mudou sobre a minha visão e relação com Jesus, o que existe de mais marcante e determinante é que, Ele, quando me foi apresentado, limitava-se ao Calvário onde, por obra de uma grande falta de consciência de seus "seguidores" na atualidade, continua, para muitos, pregado à cruz. Hoje percebo que é uma lástima o fato de ainda direcionarem-se os holofotes à sua "morte e ressurreição", e dar-se menos relevância à essência de suas atitudes – pérolas de amor deixadas em cada história sobre seus feitos durante sua passagem pela Terra.

Depois de prestar mais atenção às riquezas que Jesus nos deixou antes da data fatídica que rememoramos na "Sexta-Feira Santa", mais especificamente nos três anos que antecederam a morte de seu corpo físico, senti que, ao menos para mim, seria o momento de tirá-lo, definitivamente, da cruz, e olhar mais para o Cristo Vivo, presente, e para tudo o que Ele pudesse me ensinar.

A partir desse momento, todos os dogmas que eu já havia aceitado como imposição ao longo da vida, começaram a cair por terra e eu pude, enfim, conhecer um Jesus transbordante de amor, compaixão e simplicidade, sem jamais perder sua grandiosidade, mas tornando-se maior ainda. E por vê-lo, ao mesmo tempo, tão simples e tão grande, comecei a desenvolver a capacidade de experimentar ver a vida pelos olhos daquele que um dia me prometeu o "jugo suave e o fardo leve" (Mateus 11:30), nessa vida terrena em que tantas vezes nos sentimos aflitos e sobrecarregados.

O resultado dessa mudança de perspectiva por meio da busca de conhecimento e da abertura da mente é que, ao longo dessa jornada, quanto mais eu conheço Jesus, mais eu conheço a mim mesma; e me aprofundar em suas nuances tem me auxiliado não só a conhecê-Lo, como a me sentir mais íntima desse grande irmão e amigo, com quem tenho podido contar em minhas jornadas.

Sinceramente, não sei precisar quando e como essa mudança aconteceu, porque não existe uma data específica, mas um processo que me trouxe à realidade de hoje, em que todas as vezes que anseio trazer Jesus para mais perto de mim, permito-me fechar os olhos e ver sua imagem de braços abertos, sorrindo e olhando em minha direção; e isso se torna suficiente para que eu encontre aqui dentro as respostas que procuro e, por mais difíceis que algumas situações pareçam estar, posso senti-lo sussurrar suas mais doces palavras de conforto, dizendo: "Não temas, eu venci o mundo, e você pode fazer tudo o que eu fiz e muito mais." (João 16:33 e João 14:12).

Com a clareza e a lucidez de um ser divino, Jesus passou por todas as experiências de um ser humano comum: amou, sofreu, chorou, sentiu alegria, tristeza, fome, dor, foi traído, julgado, ferido, teve carne, ossos... E tudo suportou sem jamais se corromper.

Conseguiu viver sem arrependimentos, nasceu, viveu e morreu com a pureza de uma criança, a docilidade de uma mãe, a firmeza de um pai e a amorosidade de Deus. Fez tudo isso sob uma natureza humana, na experiência de uma vida física e material como a nossa, para provar que é possível e, no fim, ressaltou que nós também poderíamos.

Isso tudo porque Jesus sabia quem era, tinha consciência de sua liberdade, era capaz de viver o perdão, soube permanecer firme em sua fé, usou sabiamente o seu livre-arbítrio, acreditou em transformação e, por ser tão consciente, livre e sábio, conheceu a plenitude do amor.

Em oito anos de atuação como terapeuta, percebo que essas características de Jesus compõem o todo que a gente entende como "cura", e que buscamos em tantas coisas, sob a ilusão de encontrar fora o que sempre esteve dentro de nós. Não existe método, técnica ou profissional, por mais altamente qualificado que seja, que consiga contribuir para a cura interior de uma pessoa, se esta não quiser realmente se conhecer, se libertar, pedir perdão, perdoar, ter fé, ser responsável por suas escolhas, se deixar transformar e se abrir para o amor.

O que pretendo, portanto, com este livro, é esclarecer a essência e a importância de cada um desses conceitos – que são tão marcantes na vida de Jesus – em um processo terapêutico, e facilitar a compreensão de como eles se manifestam no dia a dia, ao longo de nossa existência; tomando como base a história e os ensinamentos de Jesus, a fim de que – independentemente de religiosidade – possamos olhar para esse Cristo humano como um exemplo a ser seguido, e alguém que deixou como legado lindas histórias que mostram como é possível viver uma vida mais suave e leve, abundante e próspera, por meio do autoconhecimento, da liberdade, do perdão, da fé, do livre-arbítrio, da transformação e do amor.

SUMÁRIO

Capítulo 1: Identidade.. 21

Capítulo 2: Liberdade 35

Capítulo 3: Perdão... 49

Capítulo 4: Fé 65

Capítulo 5: Livre-arbítrio 81

Capítulo 6: Transformação.. 99

Capítulo 7: Amor... 115

Capítulo 8: Você, o seu próprio terapeuta! 135

1

Na tentativa de descobrir quem sou, me percebo como parte do universo, e assim, consigo me sentir pertencente a tudo o que existe. E nesse sentimento de unicidade, é que consigo de fato reconhecer a minha própria identidade e não há privilégio maior do que me reconhecer pertencente a mim mesma.

Capítulo 1
IDENTIDADE

*"Disse Jesus: Quem conhece o universo, mas não
se possui a si mesmo, esse não possui nada."
(Evangelho Gnóstico de Tomé, v. 67)*

Assim como todos os sábios da Antiguidade, o próprio Jesus chamou atenção para a necessidade de autoconhecimento. Princípio pregado pelos antigos sábios gregos que vieram ainda antes d'Ele, por meio do famoso aforismo "conhece-te a ti mesmo"; e pelas falas atribuídas a Jesus registradas na bíblia e nos evangelhos gnósticos, como: "Conhecereis a verdade, e a verdade vos libertará.", no evangelho de João (cap. 8, v. 32), referindo-se, inclusive, à verdade sobre nós mesmos; e em "Se conseguirdes conhecer a vós mesmos, então sereis conhecidos e compreendereis que sois filhos do Pai vivo.", no evangelho de Tomé (v. 3).

Pergunto-me quando será que a humanidade conseguirá compreender esse ensinamento e colocá-lo em prática, visto que é tão evidente que, passados mais de dois mil anos, o ser humano ainda continua crescendo tanto em conhecimento sobre o mundo exterior e tão desproporcionalmente em conhecimento sobre o próprio ser.

Levei um bom tempo para entender o que Jesus quis dizer com a afirmação: "Vós sois Deuses." (João 10:34). Precisei, primeiro, modificar o meu conceito sobre Deus, a começar por abandonar a ideia de que Ele era um ancião vingativo, barbudo, segurando um cajado e esperando um deslize meu para me castigar e enviar ao Inferno.

Sim, era essa a imagem que eu tinha de Deus, uma imagem que acredito que era muito mais a projeção das minhas próprias autopunições do que uma crença religiosa de fato. De todo modo, sou feliz por saber que aquele Deus já não existe para mim.

Hoje, vejo Deus como se fosse um grande aquário dentro do qual está toda vida que existe na Terra. Imagino que, como todos os outros seres vivos, nós – humanos – estamos dentro desse aquário divino, nos alimentando constantemente dessa água, cuja fonte está em Jesus. Nessa metáfora, cada um decide como vai beber da água, se quer estar à superfície, mergulhar fundo ou ficar pertinho da fonte e, independentemente das decisões, a água e a fonte continuam ali. Mas uma condição é imutável: ainda que toda vida seja abundante, se a fonte secar e a água acabar, todo o resto se resume a nada, porque nenhuma vida resiste à falta desse alimento.

Ou seja, percebo que Deus me envolve de tal modo que estou n'Ele e encontro em seu filho Jesus a minha fonte de vida, mas que também sou livre e que, portanto, cabe a mim escolher o quanto quero me alimentar dessa fonte.

O que acontece, contudo, quando me reconheço como FILHA desse Deus criador é o despertar da consciência de que, se sou filha, carrego seus traços, sou feita da mesma coisa, tenho em mim o mesmo potencial para construir "o meu próprio aquário" dentro deste outro, imenso, no qual estou imersa. E isso deve ser uma forma de manifestar as palavras que Jesus disse a outros filhos do criador (semelhantes a mim): "Vós sois Deuses".

Sem desconsiderar de nenhuma maneira que toda a minha história é importante, e que minha melhor escolha é olhar para ela com gratidão, acolhendo e respeitando tudo o que aconteceu na – e por meio da – vida, inclusive, dos meus ancestrais (por reconhecer que o fato de tudo ter sido como foi é o que faz de mim o que sou hoje – de bom ou de ruim), penso, ainda, que essa afirmação de Jesus sobre sermos deuses me liberta do meu passado.

Interpreto essa fala como uma afirmação capaz de me lembrar de que não preciso viver como refém das limitações construídas pelos meus antepassados, nem sob seus padrões de escassez ou com base em suas crenças de que "a vida é difícil", que "nascemos para sofrer" ou que "só pelo sacrifício podemos agradar a Deus".

Pensar em Jesus dizendo "vós sois Deuses" entra em concordância com meus estudos sobre física quântica, por meio dos quais aprendi que todo ser que existe nessa Terra é feito essencialmente da mesma coisa, que, se reduzidos à menor partícula que constitui a nossa matéria, somos – eu, você, os animais, as plantas etc. – todos iguais. Também dá mais sentido à ideia de sermos "filhos" de Deus, amados por Ele com amor incondicional, criados à sua imagem e semelhança.

Contudo, também penso que, como um pai amoroso que respeita a liberdade de escolha de um filho, Deus permite-nos o direito de acessar ou não ou nosso potencial latente, de vivermos ou não como "filhos de Deus e, consequentemente, deuses".

Se esse pensamento que faz sentido para mim, também faz para você, pense comigo, agora: que condições teremos de fazer essa escolha sobre usar nosso potencial e viver de acordo com nossa identidade de filhos de Deus, a quem Jesus chamou "deuses", se não tivermos clareza sobre quem acreditamos ser? Como poderemos nos desprender ou nos apoiar em algo que não sabemos o que é?

Existe uma pergunta simples, feita com muita frequência em uma sessão de terapia, que traz um diagnóstico preciso do nível de autoconhecimento em que uma pessoa se encontra: QUEM É VOCÊ?

Algumas pessoas respondem a essa pergunta com mais facilidade, mas a maioria, não. O mais comum é a expressão de uma identificação com a personalidade e com os papéis desempenhados, partindo do nome, passando pelo estado civil e chegando à profissão, estendendo-se, no máximo, a alguns traços de comportamento.

Não que seja necessário ignorar esses aspectos da nossa existência, mas definir o que se "É", com base apenas nos papéis que desempenha e em como é chamado ou reconhecido em sua comunidade, é comparável a limitar um ator a ser em sua vida real apenas o que ele é em uma peça de teatro. A "personagem" também faz parte de quem somos, mas é uma parte passageira que, em dado momento (que pode ser desconhecido e inesperado), simplesmente deixará de existir.

O fato é que a resposta para o que somos, ou melhor, QUEM somos, está muito além do corpo e do que experienciamos por meio dele. Ninguém se resume a suas características. Antes de ter um corpo, um nome, profissão e estado civil, todos nós já éramos alguém. Mas esse "alguém" é tão desconhecido que as pessoas se apegam ao "como estão" por não saberem "quem são" de verdade.

Alguma vez você já se perguntou quem é?

Quem é você? Faça uma pausa para responder. Sugiro até que você anote a resposta que encontrar – seja ela uma definição ou um ponto de interrogação –, e se permita construir esta afirmação ao longo desta leitura, pois tenho certeza de que as próximas páginas o auxiliarão nesta tarefa.

Conhecimento e sabedoria se misturam no senso comum como se fossem a mesma coisa. Engano! Aqueles que sabem tudo, mas desconhecem a si próprios, são absolutamente carentes do conhecimento mais precioso que se pode ter na vida.

Vivemos em um contexto repleto de conhecimento, com estímulos e possibilidades suficientes para dar a volta ao mundo, conhecer novas culturas, falar muitas línguas, interagir com milhares de pessoas e, se assim quisermos, isso tudo pode ser feito sem sequer sairmos de casa. Normalmente, buscamos ser pessoas cheias de conteúdo intelectual, e muitas vezes, até como consequência de "tanto buscar, fazer, produzir", acabamos nos tornando vazios de nós mesmos.

É claro que o conhecimento e a sabedoria podem andar de mãos dadas, mas, para que isso aconteça, é necessário um empenho em autoconhecer-se, antes de qualquer outra busca. Do contrário, somos tomados pela vaidade do intelectualismo e carregamos ainda mais máscaras, nessa cultura em que o perfeccionismo é virtude. Tudo isso faz com que seja ainda mais difícil nos tornarmos aprendizes da vida e seres que crescem naturalmente com os próprios erros, porque a concepção de erro e acerto se perde em meio a tantas buscas, quando se distancia da nossa essência e individualidade.

Explico: o conhecimento nos ajuda a ter noção do que é certo e errado no meio em que vivemos, mas só a sabedoria nos permite discernir o que é certo ou errado para nós, de acordo com a nossa essência. Essa sabedoria não está no tempo em que se vive, tampouco nos diplomas que se recebem, mas sim na intensidade com que nos permitimos crescer como seres humanos, abertos às mais diversas experiências, e na posição de observadores dos mais diversos sentimentos e emoções.

O que acontece, contudo, é que, na busca desenfreada pelo ter, é comum deixarmos de lado nossas emoções. Estas que, por sua vez, são um fator determinante para que tenhamos saúde e felicidade, pois as carências emocionais, quando não diagnosticadas e devidamente tratadas para serem curadas com amor, podem levar o indivíduo ao encontro de grandes fatalidades, como consequência da tentativa vã de preencher seu vazio com coisas que estão "do lado de fora".

Muitas vezes, na busca por pertencimento e significado, a carência humana é projetada nos bens materiais, nos relacionamentos e até mesmo nos filhos. Nesse sentido, embora hoje não seja assim tão comum que os filhos tenham que, obrigatoriamente, seguir a mesma profissão de seus pais, muitas crianças ainda são vistas e tratadas como "a segunda chance" de sucesso daqueles que, por algum motivo, não alcançaram seus objetivos e vivem frustrados.

Tal situação leva muitos pais a buscarem suprir a própria necessidade de realização por meio dos filhos, gerando nessas crianças o desejo de corresponder às expectativas deles, quando, na verdade, a causa do descontentamento tem raízes muito mais profundas do que qualquer êxito ou falha que os referidos filhos possam apresentar.

Como consequência desse comportamento, pertencemos a uma geração tomada por uma competitividade exacerbada, como fruto da necessidade de reconhecimento que adoece tanto as pessoas e acaba criando "máquinas de competir", em detrimento das emoções, individualidades e, principalmente, habilidades particulares de cada indivíduo. Resultam em um mundo no qual o autoconhecimento e o cuidado com os sentimentos ficam sempre em segundo plano (quando ficam), pois o que vale mesmo é ser o melhor aos olhos do outro, ter mais, sair na frente, ficar em primeiro lugar... Coisas que, no fim, tanto não trazem contentamento genuíno quanto não ensinam grandes coisas sobre quem as pessoas são, de fato.

Nesse ambiente de excessivo materialismo, nos esquecemos de que onde há contínua competição, estabelecem-se os conceitos de "ganhadores" e "perdedores". E onde há "perdedores", do ponto de vista da competitividade, são instalados os sentimentos de inferioridade, incapacidade e baixa autoestima – sensações que chegam para todo ser humano em algum momento da vida, e com as quais a maioria de nós apresenta grandes dificuldades em lidar.

Dispendemos tanto tempo buscando nossas "conquistas", olhando para nós mesmos pelo viés da comparação, na tentativa de alcançar o saber e o ter, que tendemos a ignorar uma grande lição: a importância da cooperação. Apenas quando paramos para olhar para o outro como nosso semelhante – e não como nosso concorrente – é que floresce em nós a compaixão e a solidariedade, dádivas que, se fossem multiplicadas nas relações entre as pessoas, poderiam nos levar a um mundo de justiça, igualdade e amor. Afinal, quando cooperamos, não vivemos para competir, mas entendemos a singularidade e importância de cada ser humano, entendemos que somos complementares e não inimigos, e abrimos um espaço para cada um viver sua própria trajetória na passagem por essa vida sem que, para isso, sintamos a necessidade de nos colocarmos uns contra – ou sobre – os outros.

Sonho com o dia em que não existirá essa constante competição; em que todas as habilidades serão valorizadas e respeitadas sem tantas comparações. Pois, como disse Albert Einstein, "todos nós somos gênios".

Mas se você, por exemplo, julgar um peixe por sua capacidade de subir em uma árvore, ele viverá o resto da vida acreditando que é um idiota, baseado no seu julgamento equivocado.

É desse mesmo modo que o desconhecimento de quem se é afeta todo ser humano. Dos que se consideram idiotas aos que se veem como os mais sabedores, não conhecer a si mesmos implica a incapacidade de explorar o potencial de sabedoria que cada um guarda dentro de si. Além disso, apenas sabendo quem somos é que podemos perceber o outro como ele é realmente.

Jesus Cristo sabia quem era, por isso, foi capaz de cumprir seu propósito na Terra e trazer a resposta para a grande indagação humana: "Afinal, quem sou eu?". Sua vida exemplifica para nós que carregamos a essência divina que, para além dessa vida material há uma eternidade e que, enquanto estamos aqui, temos um papel a cumprir em relação a amar e servir.

Partindo desse pressuposto, podemos começar a jornada de nos conhecer e entender o valor único que cada ser humano tem, enquanto expressão de quem o próprio Deus é – esta é a verdade sobre nós! Mas quando ignoramos esse fato, embora não deixemos de ser, não conseguimos SER plenamente.

Sem nos conhecermos, não podemos usufruir da maior liberdade que alguém pode experimentar nessa vida, que é a liberdade da consciência, com a qual é possível compreender que o que somos – o que eu sou e o que você é individualmente – é superior a tudo que pertence ao mundo material, superior até mesmo ao corpo físico e, sim, superior à morte.

O que somos, essencialmente, não morre nunca, nem mesmo quando morre o corpo físico por meio do qual nossa essência se manifesta no dia a dia. O que somos não se baseia no que fazemos ou no que os outros veem em nós, é muito mais do que isso. Trata-se de uma consciência atemporal, essência divina que só os seres feitos à imagem e semelhança do Deus criador carregam.

Assim como no infinito universo que nos envolve, dentro de nós existe um microuniverso, multidimensional e ainda mais poderoso do que esse próprio universo exterior. Todo o cosmos e esse universo que carregamos em nós se entrelaçam, dividindo o mesmo espaço e tempo. Um contribui energeticamente com o outro em uma retroalimentação existencial infinita. Palavras complexas, hoje explicadas pela física quântica, mas que, simplificadas por Jesus dizem apenas: "VÓS SOIS DEUSES". Eis, portanto, o maior tesouro: possuir a si mesmo.

Convido você, ao término deste primeiro capítulo – com muito carinho e ao passo que já estamos exercitando os conceitos aqui apresentados – a se perguntar de forma reflexiva, e a responder com sinceridade, mesmo que seja apenas "de si para si", as seguintes questões:

1. Quem é você?

2. O quanto de você é reconhecido apenas pelo desempenho dos seus papéis na sociedade?

3. O quanto de você é reconhecido por quem é, além de tudo o que você tem e faz?

E, diante dessas respostas, o convido a observar quais delas emergiram no "modo automático" e quais foram trazidas a você, de fato, pela sua consciência. Refaça o exercício quantas vezes for preciso, até que encontre à pergunta número 1 uma resposta que realmente lhe pareça verdadeira, honesta e autêntica.

2

Sinto-me livre quando minha consciência está livre. E sei que só posso alcançar essa liberdade quando encontro a verdade. Aquela verdade que não se limita ao que penso, mas que me leva além do que minha mente limitada pode compreender.

Capítulo 2
LIBERDADE

"Conhecereis a verdade,
e a verdade vos libertará."
(João 8:32)

Jesus disse que, pelo conhecimento da verdade, alcançaríamos a liberdade. Só essa afirmação já daria assunto para um livro inteiro, dada a complexidade de se falar em verdade e liberdade ao mesmo tempo.

A depender do que se entende como liberdade, as pessoas a procuram de diferentes maneiras. Há quem a busque por meio do dinheiro, pelas opções que ele oferece para a satisfação dos desejos; outros a buscam por intermédio da autonomia para tomar as decisões que julgam melhores, a fim de que ninguém limite o seu poder de escolha. Já vi pessoas que decidiram voar de asa-delta ou pular de paraquedas para sentir liberdade; e conheci, ainda, muitas que viram no divórcio assinado a oportunidade de se tornarem livres. Em todos esses exemplos, contudo, de modo geral, noto que as pessoas estabelecem sempre uma relação muito forte entre a busca pela liberdade e as coisas materiais.

Por outro lado, me vem à mente o exemplo de Nelson Mandela que, depois de mantido preso inocentemente por trinta anos, ao sair da prisão expressou a impactante reflexão: "Se eu não deixar a amargura e o ódio para trás, mesmo livre, estarei preso". Tomando o exemplo de Mandela, podemos compreender que não existe prisão maior do que o ódio, a mágoa, a culpa, o remorso, e sentimentos afins. Raciocínio que reforça a premissa de Jesus sobre liberdade por meio da verdade, aquela que vem por meio da consciência.

Penso que o que Jesus quis dizer com a referência que encontramos em João 8:32 é que a liberdade tem muito mais a ver com a consciência do que com as questões da vida material. Acredito, inclusive, que esse foi um dos motivos que o levou à crucificação de forma tão serena e pacífica, com a capacidade de, diante de tamanha dor, ainda dizer: "Pai, perdoa-lhes, pois eles não sabem o que fazem." (Lucas 23:34).

Quantas pessoas que buscaram a liberdade no dinheiro, acabaram aprisionadas na corrupção? Quantas buscaram a liberdade na solidão, e terminaram aprisionadas em sua própria amargura? Entre as que se declaram livres de responsabilidades, quantas encontram-se presas em suas crises existenciais? Pessoas presas ao vazio, reféns do próprio ego, escravas da vaidade, do orgulho e de muitas outras prisões disfarçadas de status, poder, conforto ou conveniência, sustentando uma aparência de "vida dos sonhos", ao custo de "pesadelos na realidade".

Essa realidade mostra o quanto é distorcido o conceito de liberdade nos nossos dias, e ajuda a compreender como é que, por vezes, no desejo de encontrá-la, nos tornamos presos às nossas próprias buscas, por acreditarmos que sempre "temos que fazer algo" para nos sentirmos livres, em um nível de plenitude que parece que nunca chega. Você conhece essa sensação, não é mesmo?

Isso acontece porque liberdade não se conquista, mas se escolhe. Não depende do que está fora, mas sim do que está dentro de nós. É o que carregamos do lado de dentro que determina a nossa relação com o que está fora. Como bem observou Mandela, se do lado de dentro do seu ser predominassem o ódio e a amargura, ele continuaria em estado de prisão, mesmo com seu corpo livre para viver todas as experiências do mundo exterior. Não posso deixar de observar que ele, certamente, já sabia que não ERA o corpo, mas o ser que habitava aquele corpo temporariamente.

Outro sábio que podemos utilizar como exemplo para compreender a essência da liberdade é Sócrates, que quando foi instigado por alguns amigos a fugir da prisão, apresentou-lhes o seguinte questionamento: "E quem lhes disse que eu estou preso?" – esclarecendo que as estruturas materiais que limitam o corpo físico não são capazes de tornar prisioneiro um ser essencialmente livre.

Jesus Cristo foi o ser essencialmente livre que mais claramente mostrou o caminho para a verdadeira liberdade. Sua passagem pela Terra evidenciou que tanto é possível ser livre por causa da consciência, quanto é possível ser prisioneiro por falta dela.

Muitas vezes, passamos algum tempo aprisionados em meio a pensamentos doentios, ao apego a coisas que não podemos controlar, esquecendo-nos de que a liberdade de cada pessoa só pode ser encontrada dentro de si, e que a todo ser é possível o milagre e a bênção de ser essencialmente livre em qualquer situação, sem depender, para tanto, de alguma circunstância material, como ocorreu a Sócrates, a Jesus e a Mandela, nos exemplos mencionados aqui.

Assim como esses sábios estiveram conscientes de sua liberdade essencial, mesmo no período em que estiveram fisicamente presos, há quem se encontre em estado de prisão, mesmo vivendo em uma condição favorável à liberdade.

Diante de todas as conquistas que o feminismo acarretou para nós, mulheres, percebo uma grande necessidade de atentarmos às armadilhas presentes nesse caminho de liberdade que, com tanto esforço, construímos para nós.

Existe um grande encorajamento para que sejamos o que quisermos e alcancemos os espaços que costumavam ser dominados por homens, na época das mulheres que vieram antes de nós. E, sem jamais desmerecer o quanto essa conquista de espaço tem sido maravilhosa, gostaria de levantar uma questão que tenho percebido com muita frequência nesses nove anos de trabalho como terapeuta holística. Muitas mulheres buscando conquistar a liberdade – entre as quais me incluo – acabam sob a pressão de "dar conta de tudo".

Parece que, cada vez mais, estamos querendo abraçar o mundo. Criamos um estereótipo de "mulher ideal" e buscamos – de modo inconsciente e incessante – atender a padrões de exigência altíssimos que nos adoecem emocionalmente, pouco a pouco, cada vez que nos frustramos por não conseguirmos alcançá-los.

Os direitos que conquistamos acarretaram responsabilidades, e não é raro ver mulheres responsáveis assumindo tantas funções e desempenhando tantos papéis que acabam percebendo-se sem condições e tempo para cuidarem de si mesmas e, curiosamente, fazendo coisas que não gostariam de fazer, apenas para atender a "necessidade de afir-marem que são livres para fazê-las".

Nesse processo, essas mulheres, mesmo sendo tão fortes, se tornam cheias de incumbências e vazias de si, ficando aprisionadas pelo desejo da liberdade financeira, pela vontade de terem uma profissão e se-rem bem-sucedidas, pela necessidade de dar conta do trabalho, dos filhos, da casa e ainda serem boas es-posas, amantes e companheiras; pelo padrão do salto alto, do cabelo penteado, das unhas feitas, da roupa da moda...acumulando prisões nessa busca incessan-te pela tal liberdade.

Observo que, na conquista de "quebrar um padrão de sociedade machista", constituiu-se outro padrão so-cial inadmissível para mulheres que talvez gostariam de assumir, por exemplo, apenas um papel de dona de casa ou de mãe, como se houvesse algum demé-rito em qualquer outro papel que envolva menos afa-zeres do que o papel da mulher que está no topo da sua carreira, em sua melhor forma física, colecionando diplomas e criando filhos igualmente bem-sucedidos.

A competição – consciente ou inconsciente – com os homens, tem o poder de retirar dessas mulheres a singularidade e as colocar em uma posição na qual precisem ser constantemente produtivas, fortes, inde-pendentes, em detrimento até mesmo da sua feminili-dade, se for preciso, por acreditar-se que isso tudo é o que significa ser uma mulher moderna admirável.

O resultado desse padrão de comportamento gerado por um "feminismo distorcido" é que nos sentimos vitoriosas nos dias em que acordamos cedo, vamos à academia, fazemos as unhas, levamos o cachorro ao *pet shop*, fazemos compras, deixamos as crianças na escola, vamos para o trabalho, pagamos as contas, buscamos as crianças na escola, fazemos um jantar gostoso, ajudamos na tarefa de casa dos filhos, tiramos a roupa do varal, lavamos a que estava no cesto, pensamos no almoço do dia seguinte, tomamos aquele banho no capricho e ainda tiramos um tempinho para o marido. Em contrapartida, nos dias em que toda essa produtividade não se faz possível, há frustração, descontentamento, autocobrança e culpa.

O mais curioso é que, até naqueles dias em que conseguimos ser "superprodutivos" e alimentar a ilusão de "dar conta de tudo", muitas vezes ainda não sentimos uma satisfação real, pois, embora tenhamos "vencido mais um dia", não tivemos tempo de olhar para dentro, não fizemos tudo com amor, liberdade e prazer, e não desfrutamos de sentimentos compatíveis com a realização que esse "dar conta de tudo", em tese, deveria trazer. Mas estamos tão cansados, que nem temos energia para refletir sobre isso também, então dormimos, acordamos e a vida segue igual.

O fato é que, enquanto nossa liberdade depender do que está fora de nós, ela nunca será permanente, pois tudo o que há de material à nossa volta é temporário, e a verdadeira liberdade consiste em estarmos realizadas, sem a necessidade de toda a dinâmica que utilizei como exemplo nos parágrafos anteriores.

O resultado da liberdade real é poder ser quem a gente é, sem precisar corresponder às expectativas dos outros, sem precisar buscar fora o que já temos do lado de dentro. É decidir ser dona de casa e estar feliz com isso, independentemente das cobranças sociais; assim como é trabalhar fora e estar realizada, seja na carreira que for.

É passar por uma gripe sem a exigência de fazer todas as tarefas que estavam programadas para aquele dia. É poder ser frágil de vez em quando, se deixar ser cuidada, e ganhar um colo também. É decidir ter filhos e dedicar atenção exclusiva a eles pelo tempo que quiser, assim como é decidir não ter filhos. É não exigir de si mesma a perfeição, a independência, e a autossuficiência a qualquer custo.

A busca por mais liberdade perde o sentido quando começa a apagar a feminilidade que é parte de quem somos. A sensibilidade, a docilidade, o poder de sedução e a afabilidade, que são atributos característicos das mulheres, não fazem de nós o "sexo frágil". Tais particularidades não precisam, portanto, ser substituídas pelo estresse, pela irritabilidade e por todas as cargas emocionais negativas causadas por um excesso de tarefas desempenhadas, até porque, se estamos livres para viver e exercer tudo que queremos, mas pagamos um preço emocionalmente tão alto por aquilo, isso significa que ainda somos prisioneiras, só que estamos mais "ocupadas".

Explorar esse ponto de vista sobre o conceito de liberdade ajuda a percebê-la como uma decisão que cabe a cada uma de nós, nas nossas diferentes realidades, assim como coube a Sócrates, a Jesus, a Mandela, cada qual em seu contexto.

E quanto a verdade? Onde ela entra nessa história toda?

Para mim, essa é a melhor parte, a mais fascinante, complexa e reveladora sobre essa visão de liberdade do ponto de vista de Jesus Cristo, expresso em João 8:32.

Primeiro, precisamos responder a um importante questionamento: o que é a verdade? Seria o contrário da mentira? Mas o que é a mentira, se não a negação da verdade?

Se eu digo que algo é ruim, e você confirma dizendo: "É verdade!", em que estamos nos baseando para fazer essas afirmações? E se uma terceira pessoa participasse dessa conversa, será que a nossa verdade seria, também, a verdade dessa pessoa?

O que quero dizer é que a verdade, vista de um prisma pessoal, é muito relativa, pois se baseia na perspectiva individual de cada ser humano e, por isso, com toda certeza é limitada, já que ninguém é capaz de ter uma visão total das circunstâncias e da vida.

A verdade que estamos acostumados a buscar revela muito sobre o que guardamos dentro de nós, um conteúdo que se expressa por meio dos nossos conceitos, das nossas crenças, e de todas as percepções singulares que temos sobre tudo o que vivenciamos.

Desse modo, só podemos encontrar a verdade quando tentamos sair do prisma individual, para buscar o que possa ser capaz de abranger outras possibilidades, dispostos a abrir mão do nosso próprio conceito de certo e errado, por exemplo, cientes de que esse "certo e errado" também são conceitos que flutuam e mudam conforme variam as circunstâncias.

No caminho da busca pela verdade, portanto, nós realmente começamos a encontrá-la a partir do reconhecimento de que não a possuímos, pois, se alguém acredita que já a possui, certamente o que tem está muito longe de ser a verdade.

Buscar a verdade significa desafiar-se a pensar grande, olhar de fora, procurar compreender as diferentes perspectivas daquilo que se apresenta diante dos nossos olhos. Uma compreensão que traz, também, um convite a repensar as diversas situações nas quais julgamos alguém pelas suas ações, emitindo um julgamento baseado em verdades meramente pessoais, na nossa incapacidade de enxergar o universo de coisas envolvidas nas decisões do outro, observando tudo da nossa perspectiva, que é totalmente limitada às nossas experiências.

Pensando sobre tudo que os registros mostram sobre o comportamento de Jesus no seu momento de maior dor, observo a força da verdade que Ele expressou ao dizer "Pai, perdoa-lhes, porque não sabem o que fazem". Nada mais sábio a ser dito sobre homens que estavam agindo diante do limitado conhecimento que tinham sobre espiritualidade, considerando apenas o que era certo ou errado, justo ou injusto, aceitável ou não naquele contexto, naquela cultura, e segundo aqueles valores, que fizeram uma multidão acreditar estar agindo corretamente quando, em verdade, aquelas pessoas não sabiam o que faziam.

Além da crucificação de Jesus, quantas outras atrocidades o ser humano continua cometendo simplesmente por desconhecer a verdade e, consequentemente, não saber o que faz? Ainda assim, penso que as pessoas não tomam atitudes com a intenção deliberada de estarem erradas. Acredito que ninguém escolhe, conscientemente, um caminho de desconexão essencial, mas que toda decisão provém de uma necessidade de acertar e suprir alguma carência. Até mesmo alguém que planeja um assassinato tem em seu íntimo a intenção de estar fazendo a coisa certa, pelo menos de acordo com sua perspectiva naquele momento, mesmo que se trate de um ato injustificável por qualquer outro ser capaz de analisar a mesma situação por outro ângulo.

A LUZ EM MINHA VIDA

Percebo que Jesus, com seus olhos de amor, foi capaz de enxergar nos seres humanos o desejo de completude e as tentativas de agir de forma correta; e conseguiu realizar com maestria a tarefa – tão difícil para nós – de não definir uma pessoa simplesmente pelas decisões que ela tenha tomado ou pelos atos que tenha cometido.

Desse modo, com seu exemplo, Cristo nos ensinou que somos muito mais do que nossas atitudes e que não precisamos nos definir por elas, pois até as más escolhas contribuem para que nos tornemos capazes de fazer escolhas melhores, segundo o mesmo princípio pelo qual, experimentando a escuridão, passamos a perceber mais intensamente a presença da luz. E se, olhando por esse ângulo, o erro pode estar a serviço do acerto, e a escuridão a serviço da luz, como não poderia o mal estar a serviço do bem?

Com base no exemplo da vida de Jesus, nos seus ensinamentos, e nos de tantos outros sábios da Antiguidade, podemos nos alertar para o fato de que tudo que esteja contrário ao amor em nossas vidas, representa uma prisão em potencial. Quando "faço e aconteço", mas não por amor, estou, de algum modo, presa a esses afazeres. Quando busco minhas conquistas motivada por orgulho e vaidade, me torno prisioneira dessa busca. Porque só no amor há liberdade.

Quando digo que a liberdade está no amor, me refiro a começar pelo amor-próprio – aquele tipo de amor que fez Mandela escolher deixar o ódio e a amargura para trás, porque seu amor pela própria vida foi maior que o seu ódio pela injustiça e, assim, ele foi livre.

Encerro este capítulo fazendo um convite a você para, agora mesmo se possível, a seu modo, buscar o silêncio da mente para tentar perceber quais têm sido as suas prisões. Pergunte-se em que momentos ou diante de quais circunstâncias tem percebido as maiores dificuldades em sentir-se livre.

Depois de refletir algum tempo sobre isso, questione-se sobre o que o impede de mudar essa realidade.

Provavelmente, você descobrirá pelo menos uma possibilidade, mesmo onde houver um impedimento real, então olhe mais para essa possibilidade, e procure ter uma atitude proativa em relação a ela, com consciência da liberdade que você já tem para tomar tal decisão, seja qual for. Mas o faça com uma condição: que seja por você, e que seja por amor.

3

O que posso ver no outro revela sobre mim uma face oculta das feridas que ainda não curei. Quando perdoo e deixo ir, curo-me por meio do outro.

Capítulo 3
PERDÃO

"Em verdade, em verdade, vos digo: aquele que crê em mim, esse também fará as obras que eu faço, e as fará maiores do que estas; porque eu vou para o Pai."
(João 14:12)

Sempre achei muito impactante essa fala de Jesus, soando como uma promessa sobre um potencial latente dentro de cada pessoa que viesse a crer n'Ele. Mas confesso que, no que se refere a fazer o que Jesus fez, um feito d'Ele, em particular, me intrigou muito na primeira vez que tentei me imaginar fazendo "o que Ele fez e ainda mais".

Se eu posso fazer tudo que Jesus fez e muito mais, posso aprender a dar a outra face? Mas como praticar isso dentro de circunstâncias que me fazem mal? Como assim, ser ferida em um lado e entregar meu outro lado para ser ferido também?

Quando li e refleti sobre as palavras atribuídas a Jesus no evangelho de Lucas (cap. 6, v. 29), onde está escrito: "Ao que te ferir numa face, oferece-lhe também a outra (...)", essa ideia de "dar a outra face" me pareceu um ato omisso e cheio de fraqueza, como se a Bíblia estivesse sugerindo algo completamente fora da realidade.

Quem, em sã consciência, poderia apanhar de um lado do rosto e ainda pedir para apanhar do outro também? A mim me pareceria muito mais plausível "pagar com a mesma moeda", como faziam os homens segundo o Código de Hamurabi e a Lei de Talião, de acordo com os quais o princípio de justiça era "olho por olho, dente por dente".

No entanto, ao me lembrar de que, sobre isso, Gandhi considerou que, se a humanidade continuasse a "fazer justiça" segundo o Código de Hamurabi, logo estaríamos todos cegos e banguelas, me lembrei também de que nem tudo é o que parece ser, e que a verdade é encontrada pelo reconhecimento de que não a possuo e que, por isso, devo procurar enxergar além do que meus olhos podem ver.

Com essa compreensão, ao passar do tempo, consegui enxergar toda a beleza que há nessa atitude proposta – e praticada – por Cristo, sobre "dar a outra face". Compreendi que, para além de literalmente virar o rosto e pedir para apanhar do outro lado, dar a outra face é um convite a vermos as coisas sob uma perspectiva diferente, uma proposta baseada em um novo olhar.

Essa reflexão me remete a uma música encantadora do Pe. Fábio de Melo, que se chama *Contrários*. Nessa letra, ele diz que para tudo existem dois lados. Para que exista o errado é necessário haver o certo, para que exista a tristeza é necessário haver a alegria, para que exista a escuridão é necessário que haja a luz... e seguindo esse raciocínio, o ódio nada mais é do que a antítese do amor.

Certa vez, ouvi um amigo dizendo que o perdão é algo divino, que eleva a alma, mas que devolver na mesma moeda é extasiante e prazeroso. É comum que queiramos fazer o outro viver a mesma frustração ou dor que passamos, parece punitivo e ao mesmo tempo soa como uma forma de educar ou de ser justo.

Entretanto, quando faço uma ponte com outra fala magnífica de Jesus, registrada no evangelho de Mateus (cap. 5, v. 46), que diz: "Pois, se amardes aos que vos amam, que recompensa tereis? Não fazem os publicanos também o mesmo?", penso comigo: como eu posso criticar o comportamento do outro, se pretendo fazer o mesmo? O que me diferencia dele então?

Assim, percebo claramente como nossas relações ainda são espelhos, projeções dos "lodos emocionais" que guardamos escondidinhos de nós mesmos, e então, quando a ação de alguém sintoniza com as mazelas submersas, preferimos lançar pedras naquele espelho que reflete o que não queremos ver, o que dói, ou o que traz a indignidade à tona. O que é inadmissível para nós é sempre uma projeção daquilo de ruim que carregamos do lado de dentro, mesmo que, em nossas omissões, desconheçamos tal carga negativa submersa em nosso ser.

Partindo dessa premissa, quando ofereço a mesma face, reproduzo o comportamento do ofensor e, ainda por cima, revelo e alimento minhas próprias mazelas. Mas, ao oferecer a outra face, me torno capaz de me distinguir daquele que me fez o mal, revelando que os sentimentos que motivaram o meu malfeitor não ressoam dentro de mim, pois sou livre deles.

Se alguém me oferece o ódio e eu retribuo com ódio, isso deixa claro que há ódio dentro de mim e que, nesse ponto, somos iguais. Se, contudo, alguém me oferece o ódio e eu retribuo com o amor (por meio do perdão, por exemplo), significa que o amor é que abunda o meu ser, de modo que eu seja capaz de mostrar essa outra face, a antítese, o outro extremo, porque é nessa posição que me encontro.

Acredito que se Jesus voltasse hoje e se compadecesse das pessoas que, por diversas razões, estão à margem da nossa sociedade, o crucificaríamos novamente por não entendermos sua proposta. Embora hoje a crucificação não seja mais uma punição que faz parte de nossa cultura, a indignação humana com o erro alheio ainda é capaz de produzir danos igualmente terríveis e irremediáveis.

Mas por que isso? O que fazia com que Jesus parecesse ser tão permissivo com os erros alheios? Há uma simples resposta: Jesus não definia ninguém por aquilo que faziam, mas amava a todos por serem quem eram – criaturas de seu Pai –, e nada de ruim que houvesse nessas pessoas ressoava com o interior d'Ele.

Imagine você mesmo embaixo de uma macieira gigante. Uma fruta já passada do ponto cai sobre sua cabeça, fazendo uma bela sujeira em todo seu rosto. Você julga que a macieira não dá suculentas maçãs simplesmente pelo fato de uma já estar podre?

Penso que Jesus olharia para cima e veria a fartura da estrondosa árvore, reconheceria suas maçãs podres, mas focaria as inúmeras frutas frescas e saborosas que ela ofertava, na sombra esplendorosa que o refrescava, nas suas raízes firmes e nas folhas que ajudavam a fornecer oxigênio ao mundo. E então, a macieira seria boa para Ele, porque ELE era bom.

O que nós normalmente fazemos é o contrário, focamos a fruta podre, a má atitude ofertada pelo outro, e esquecemos que ele não é definido por aquela atitude, que ele é muito mais do que aquilo e que sua natureza e exuberância prevalecem, apesar de não terem sido vistas e expressadas como deveriam.

As lentes da justiça própria que aprendemos a usar ao longo da vida deixaram nossos olhos míopes para enxergar além do que se vê. Por isso enxergamos nas pessoas apenas o que é superficial, e um erro, por menor que seja, as torna maçãs podres; se o erro for maior ainda, é melhor cortar a árvore, pois ela de nada servirá.

Ah, quão mais produtivo seria para nós o exercício de compreender o outro, mesmo sem concordar com sua atitude! Aprendi com Jesus que a compreensão é o mesmo que dizer: sua atitude não foi legal, mas eu sei que você é muito mais do que isso e que pode fazer diferente, sei que você pode ser melhor. Desse modo as acusações se vão e abrem espaço para o exercício do amor, num cenário em que trocamos o desejo de ver o outro punido pelo que fez conosco, por um entendimento muito maior de quem ele é, e de quem nós mesmos somos.

Quando finalmente chegamos mais perto desse entendimento, torna-se muito mais leve exercitar o perdão. É muito mais possível perdoar o nosso próximo, quando reconhecemos, verdadeiramente, que pecamos também. Que, muitas vezes, inclusive, temos o nosso próprio jeitinho de cometer o mesmo erro que o outro, apenas em uma situação diferente.

Na passagem descrita no evangelho de João (cap.8 v.10), depois de ser instigado a sentenciar uma mulher considerada adúltera pela multidão que a acusava, e de pedir que a primeira pedra fosse atirada pela pessoa que estivesse livre de pecados, Jesus perguntou: "Quem são seus acusadores?", ao ver que, como era de se esperar, nenhuma pedra poderia ser lançada contra uma pecadora, por uma multidão composta por outras pessoas tão pecadoras quanto ela.

A propósito, vale lembrar que a palavra "pecar" significa "errar o alvo". Se alguém "errou" é porque tentou acertar – voltamos, assim, mais uma vez, à pertinente questão de que acerto e erro, como qualquer outra antítese, são apenas extremos, opostos do mesmo inteiro.

No momento em que aquela mulher escolheu uma relação extraconjugal, que tipo de acerto ela estaria buscando? Seria uma tentativa de preencher um vazio sentimental? Alguma carência física ou emocional? Talvez uma necessidade de afeto? Ou poderia ser apenas um momento de prazer, de distração? Em todo caso, quem pode dizer que ela estava errada, sem sequer conseguir acessar a sua perspectiva da verdade? E quem poderia voltar-se contra ela se, para tanto, lhe fosse exigido ser livre de pecado?

Por mais que a direção que ela tomou para tentar se preencher fosse inadequada aos parâmetros culturais em que ela vivia, os parâmetros mudam conforme mudam o tempo, os lugares, as pessoas, as circunstâncias... Um casal liberal, por exemplo, poderia não ter problemas com o fato de haver outra pessoa envolvida na relação, não é mesmo? Mais uma vez, "certo e errado", "bom e mau" se mostram como apenas perspectivas, que podem ou não estar conectadas com a verdade.

A orientação de Jesus para que: "Não julgueis, para que não sejais julgados." (Mateus 7:1) vem ao encontro dessa reflexão sobre o quanto a acusação que fazemos diz sobre nós mesmos, no sentido de que tudo aquilo que nos incomoda no outro, de algum modo, se resume ao reflexo do que está dentro de nós. O que o outro faz é escolha e problema dele, mas as reações que isso desperta em mim são problemas meus, de modo que, se eu julgo uma pessoa, estou julgando a mim mesma, por meio do meu reflexo no "erro" dela.

Adotar essa postura de substituir o "julgar o próximo" por "observar a si mesmo" de nenhuma forma implica isentar alguém das consequências de seus atos – inclusive porque a "lei da semeadura" (Gálatas 6:7-8) está sobre todos –, mas em compreender que, quando eu recebo ofensa, e me sinto ofendida, é porque havia ofensa dentro de mim para ressoar com a que me foi oferecida e, a partir desse reconhecimento, eu posso escolher me libertar dessa ofensa por meio do perdão, ou me contaminar ainda mais com ela por meio do julgamento.

Por meio de todos esses exemplos, Jesus Cristo ensinou, também, um princípio magnânimo, que tento aplicar com consciência à minha vida: cada um oferece aquilo que tem em seu coração! E o que o outro faz de negativo para mim, não tem nada a ver comigo, com quem eu sou, mas tem a ver com quem a própria pessoa é. Todavia, mesmo diante de uma atitude negativa que a mim for direcionada, para o meu próprio bem, preciso olhá-la com amor, e com a consciência de que cada ser humano é muito mais do que as decisões que toma em alguns momentos da vida, inclusive eu mesma.

Convém lembrar, ainda, que entre as "bem-aventuranças" consideradas por Jesus, está a pacificação. "Bem-aventurados os pacificadores, porque serão chamados filhos de Deus." (Mateus 5:9). Todos os ensinamentos que Cristo deixou por meio da sua vida na Terra sempre conduzem ao caminho da paz. Se quisermos tomar uma decisão que proporcione paz, basta fazermos aquele questionamento que nunca fica fora de contexto: o que Jesus faria em meu lugar?

Mesmo prestes a ser traído, injustiçado e mortalmente ferido, ciente de toda dor que sofreria, Jesus permaneceu no posicionamento da pacificação. Deu a Judas a chance de refletir sobre suas intenções, ativando sua consciência sem jamais acusá-lo, mas apenas perguntando: "Amigo, para que vieste?" (Mateus, 26:50). E no auge de seu sofrimento no Calvário, podendo pedir qualquer outra coisa, escolheu orar a Deus, pedindo o perdão para os seus ofensores (Lucas 23:34).

Ah, o perdão! Que precioso presente de Cristo para nós! Palavra tão pequena, com significado tão grande, e tão pouco compreendida por tantos de nós. A maioria das pessoas ainda acredita que aquele que precisa perdoar é o que está "do lado do bem", e que a pessoa a ser perdoada é propriamente "o lado do mal" na referida situação. Mas não é bem assim. A dinâmica do perdão vai muito além dessa relação culpado versus vítima. As situações nas quais somos feridos apresentam uma gigantesca oportunidade de lapidação por meio da quebra do orgulho.

Se você recebe uma ofensa e ela não ressoa dentro de você, sentirá que sequer há o que ser perdoado. Mas, quando o contrário acontece, é sinal de que o que impera aí dentro é um grande ego que não aceita ser nada menos do que supervalorizado. Esse mesmo ego que atrapalha o processo de identificação do que você vinha plantando antes de colher tamanha decepção, para conseguir evoluir a partir do reconhecimento de que "aquele que fere é o mais necessitado de amor, enquanto aquele que é ferido é o mais necessitado de humildade".

Esclarecido que é a identificação com o erro do outro que nos leva a julgá-lo, e que é o orgulho dentro de nós que torna tão difícil liberar o perdão, saibamos nos voltar para o ponto em que a esperança habita: o amor.

Como disse Pedro, em sua primeira carta (cap. 4, v. 8): "(...) o amor cobre uma multidão de pecados", levando a crer que não há orgulho ou erro que, por maiores que sejam, consigam vencer o amor. Assim como no amor há liberdade, nele também há perdão e, consequentemente, o descanso interior que a mágoa rouba daqueles que se recusam a perdoar.

Sempre que me refiro à mágoa, me lembro de uma metáfora que ouvi certa vez, comparando esse sentimento e relacionando essa palavra com a expressão "má água", no sentido de água ruim mesmo. Lembrando que 70% do corpo humano é composto por água, compreender a mágoa como uma "má água" ou "água ruim" constituindo essa composição nos ajuda a imaginar os danos causados à nossa vida pela falta de perdão, em todos os níveis possíveis, com implicações não só na nossa saúde emocional, como também na física.

Somente por meio do perdão é possível limpar essa água que circula por todo o nosso organismo – "tirar a má água" –, para que então, livre da mágoa, nosso sistema volte a fluir normalmente.

Tenho permissão para mencionar aqui uma história que conheci sobre uma mulher que sofreu com depressão, ansiedade e crises nervosas por muitos anos, ao longo dos quais as medicações prescritas não correspondiam mais às expectativas para o seu tratamento, e assim ela se via já sem esperanças de encontrar uma solução.

Com uma vida aparentemente estável nos aspectos financeiro, social e relacional, ela mesma se questionava sobre a dimensão que o problema havia atingido.

E, estando em terapia, com a intenção de investigar a causa dessas dores emocionais, houve uma sessão que a conduziu a um retorno a experiências do passado, em uma situação específica de um relacionamento em que ela fora tratada com lamentável desrespeito.

A referida situação foi a raiz de uma mágoa profunda, a partir da qual se instalou nela a crença da impossibilidade de se libertar de todas as sequelas daquela relação dolorosa. Essa situação resultou em uma grande dificuldade em reconhecer seus motivos de alegria a partir daquele momento e por muitos anos depois.

Partindo desse reconhecimento, ela se permitiu praticar exercícios de auxílio à liberação do perdão. O que aconteceu foi que, mentalizando e verbalizando perdoar o outro (depois, mentalizando e verbalizando perdoar a si mesma), ela pôde sentir esse perdão fluindo, libertando-a de tudo que ainda ocupava um espaço indevido dentro de si, instalando a cura, e restabelecendo a paz – o que possibilitou uma entrega maior da sua parte em seu processo terapêutico e em seu tratamento médico, e resultou em uma melhora muito significativa no seu bem-estar.

Com mais algum tempo, ela mesma relatou não apresentar mais as crises que antes eram frequentes e foi, gradativamente, deixando de precisar recorrer aos tratamentos que haviam sido contínuos até então.

A história dessa mulher evidencia que, muitas

vezes, carregamos dentro de nós raízes de amargura das quais até nos esquecemos que existem, mas que dão um jeito de se manifestarem para que olhemos a essas questões e nos lembremos de que é preciso olhar para dentro, buscar o autoconhecimento, reconhecer e encontrar nossas sombras, acolher nossas histórias, deixar ir embora tudo aquilo que não nos pertence, e abrir espaço para que a luz entre em nosso coração.

Para fins terapêuticos, o exercício do perdão está muito além de conceder desculpas a quem nos tenha causado algum mal. É muito mais sobre se libertar do aprisionamento que a mágoa traz, se desprender do passado doloroso e abrir espaço no "baú dos sentimentos", para que emoções mais construtivas possam vir a ocupá-lo, por meio de novos momentos, experimentados a partir da maturidade adquirida em cada experiência que tenhamos vivenciado no que diz respeito a perdoar e a pedir perdão, nas relações com outras pessoas ou no relacionamento de cada um para consigo.

Dificilmente haverá algum de nós que não tenha sofrido alguma decepção, daquelas que nos fazem sentir como se tivéssemos uma ferida aberta no peito. Por isso, ao final de toda essa reflexão que trouxe aqui, quero propor a você, agora, que olhe para dentro de si e faça uma lista – de preferência por escrito – relacionando todas as pessoas que um dia o magoaram e despertaram em você sentimentos capazes de "contaminar" a água que flui pelo seu organismo.

Depois de escrever esses nomes, seguindo o exemplo de pessoas como Jesus Cristo, Nelson Mandela – entre outros semelhantes seus que também foram magoados, injustiçados e feridos, sem, contudo, se deixarem aprisionar pela mágoa –, conceda, intencionalmente, absolvição a cada uma dessas pessoas, dizendo: "Eu me liberto da mágoa que me prende a você. Deixo contigo as suas escolhas e consequências, levo comigo apenas o que me pertence. Te perdoo, me perdoo, e deixo você ir".

Posso afirmar, com muita propriedade, que este exercício feito com sinceridade trará um grande alívio ao seu coração e que, a partir disso, muitas portas irão se abrir.

4

Por vezes deixo de acreditar no quanto sou capaz de transformar a minha realidade, e então, lembro-me do quanto o Criador de tudo o que há confiou em mim, dando-me a vida e todas as ferramentas para que eu possa construir a minha existência com base em quem eu sou de verdade.

Capítulo 4

FÉ

*"Filha, a tua fé te salvou; vai em paz,
e sê curada deste teu mal."*

(Marcos 5:34)

Ao constatar que tudo é energia, a física quântica considera que todos os seres estão, de algum modo, conectados, por meio das vibrações que emitem. Podemos compreender essa premissa imaginando que, assim como o campo gravitacional do Sol mantém os corpos celestes do sistema solar orbitando ao seu redor, nós também emanamos nossas energias para o mundo à nossa volta, como se houvesse um sol dentro de cada um de nós atraindo o que é compatível com o que emitimos, ou seja, com a qualidade da nossa energia.

É assim que tudo aquilo que pensamos e sentimos pode ser percebido no nosso ambiente externo, mesmo quando não expressamos isso em palavras, porque a nossa energia, as nossas vibrações falam por si, e o fazem constantemente. O nosso campo de energia pode ser sentido pelas outras pessoas e isso se comprova, inclusive, na cultura popular, em que não são incomuns os relatos de pessoas que dizem se sentir "bem" ou "mal" após terem passado algum tempo na companhia de alguém.

Ainda que não saibamos explicar o porquê, é inegável o modo como sentimos que é "bom", "leve" estar perto de pessoas que parecem fluir naturalmente em amar, acolher, agradecer; assim como é mais "pesado", "exaustivo" conviver com pessoas que se encontrem amarguradas, revoltadas e tristes.

Existem relatos sobre a vida de Jesus Cristo que dizem que sua presença se fazia sentir a quilômetros de distância pela energia que ele emanava e pela sensação boa que suas vibrações causavam, como conta o livro Há dois mil anos – uma das obras psicografadas por Chico Xavier. A interpretação que se faz desses relatos é a de que Jesus tanto amou a humanidade, criação de Deus Pai que, mesmo em sua forma humana, esse amor vibrava com intensidade suficiente para atrair as multidões que o seguiam por onde quer que passasse, realizando os milagres que evidenciavam a sua conexão com o poder divino.

Foi por sentir essa vibração de amor que aquela que ficou conhecida por alguns como "a mulher do fluxo de sangue", e por outros como "Verônica", buscou a Cristo. Sofrendo há muito tempo com um sangramento ininterrupto que nenhum recurso disponível em seu contexto fora capaz de solucionar, ela teve suas esperanças renovadas quando ouviu falar dos milagres de cura realizados por Jesus. Movida por sua fé, rompeu com as barreiras da vergonha, atravessou a multidão e chegou até o Mestre, acreditando que "se tão somente tocasse em seu manto, estaria curada" (Mateus 9:21).

De fato, o contato mais próximo que conseguiu com Jesus naquele momento foi "tocar em suas vestes", mas a conexão entre a fé de Verônica e o poder de Cristo foi tão forte, que se fez suficiente para que ela se sentisse totalmente curada.

"Quem me tocou?", perguntou Jesus aos discípulos. Eles não conseguiram responder devido à quantidade de pessoas que estavam ali, aglomeradas, provavelmente encostando uns nos outros e em Jesus também. Mas Ele, suficientemente sensível, já havia percebido que, entre todos os contatos, um havia sido diferente: "Alguém me tocou, porque bem conheci que de mim saiu virtude." (Lucas 8:45-46).

Jesus esclareceu, ainda, àquela mulher, que a fé dela a curou. E como isso é surpreendente! A fala de Jesus a ela, como a tantas outras pessoas agraciadas com seus milagres, afirmando que a fé de cada um é o que realmente cura e salva (Marcos 5:34), é como se fosse Cristo nos lembrando de que em muitos casos, a nossa cura, bem como a nossa salvação, já está dentro de nós.

Ao olhar para essa história, o que mais chama a minha atenção não é meramente o fato de Jesus curar aquela mulher, mas sua tamanha sensibilidade de perceber alguém que o tocou de modo diferente, alguém que tinha o desejo sincero de encontrá-lo e a fé firme em que receberia o que necessitava para desfrutar mais abundantemente da vida, além de sua humildade em reconhecer a contribuição da própria pessoa, agindo em conjunto com o seu poder, para efetivar a cura.

Fico imaginando o grande impacto que aquele momento deve ter tido na vida daquela mulher, que inesquecível experiência deve ter sido! Alguém que humildemente buscou se aproximar de Jesus e viu o próprio Deus encarnado falando diretamente com ela, de igual para igual, numa situação em que a sua simples fé a fez ser notada de modo especial.

Reflito muito sobre isso, porque tenho buscado entender, já há alguns anos, o que é, verdadeiramente, a fé. Observo que, embora muitas pessoas afirmem ter fé em Deus, nos momentos de dor, algumas passam a se questionar: "Onde estaria, agora, o Deus em quem sempre acreditamos?", como se dor fosse sinônimo de desamparo, e como se esse "sempre acreditamos" fosse um "acreditar" condicionado às circunstâncias.

Penso que essa fé de magnitude imensurável, à qual Jesus se referiu como capaz de mover montanhas, é o simples acreditar, mas acreditar de verdade. E acredito que temos, todos os dias, pequenas comprovações de que "aquilo que acreditamos, acontece". Quando programamos a agenda da semana, marcamos um compromisso futuro ou quando vamos dormir na certeza de que estaremos vivos no dia seguinte, tudo isso não deixa de ser manifestação da fé, pois, na verdade, não há nada que garanta que poderemos cumprir o compromisso ou viver mais um dia, quando para tantas pessoas a vida termina em um sopro.

O que acontece é que, além dessas situações comuns, também experimentamos situações desafiadoras em que precisamos de uma fé um pouco maior do que essa que praticamos todos os dias – uma fé que seja pelo menos do tamanho de um grão de mostarda, como Jesus nos alertou. Nesses momentos, contudo, antes mesmo que a fé consiga atingir esse tamanho necessário para restabelecer a paz e permitir a salvação ou a cura, as pessoas começam aquela busca frenética por controlar o que, na maioria das vezes, é incontrolável. E, quando não conseguem controlar, quando não conseguem atender as próprias expectativas e desejos, se decepcionam com Deus.

Por tudo isso que tenho observado é que, hoje, acredito que a verdadeira fé não é acreditar que tudo vai dar certo, mas sim que tudo está certo, por mais negativo ou desagradável que possa ser. Confiar que tudo está como precisa estar neste momento, e que passará na medida em que o aprendizado se der e a função de cada situação se cumprir. Parece um conceito muito simples, mas o grande desafio é justamente não olhar para as circunstâncias, mas, em vez disso, crer apesar e além do que se pode ver.

Vencer esse desafio é tão necessário para todos os dias de nossas vidas, porque as energias que emanamos quando caminhamos na certeza de que "está tudo bem porque continuamos amparados por Deus" são energias capazes de atrair para nós esse bem, de fato, como fruto da fé, da perseverança e do amor.

O nosso mal é, contudo, que ainda somos muito incrédulos, e essa falta de fé é uma das coisas que nos leva a viver uma vida de desequilíbrios, procurando fugir das dores e nos apegar aos prazeres. Entretanto, na verdade, a todos os seres humanos – sem exceção nem mesmo à forma humana de Jesus – são reservados dias bons e dias maus. Por mais que fujamos da dor, em algum momento ela chegará e, por mais que busquemos o prazer, em algum momento ele também passará.

Talvez seja essa "sede por controle" que faz com que estejamos assustadoramente ansiosos e, consequentemente, alheios ao momento presente. Preocupamo-nos tanto com o futuro, que vivemos fragmentados entre o "hoje" e "o que virá", nos esquecendo completamente de outro dos ensinamentos tão preciosos de Jesus: "Não se preocupem com o amanhã, pois o amanhã trará as suas próprias preocupações. Basta a cada dia o seu cuidado." (Mateus 6:34).

Entender que "a cada dia basta o seu cuidado" é compreender quão mais produtivo e útil é se "ocupar" com o presente, em vez de se "pré-ocupar" com o futuro. Não que o futuro não importe ou que devamos viver de modo inconsequente "como se não houvesse amanhã", mas aprender a viver um dia de cada vez entre as adversidades e alegrias é uma dádiva. Caminhar de acordo com esse ensinamento leva embora vários medos, quando, apesar das incertezas sobre o futuro, por meio da fé em Deus, podemos sentir – e assim vibrar em frequências que contribuam para que se concretize – o cumprimento da promessa de que "tudo coopera para o bem daqueles que O amam" (Romanos 8:28).

Além disso, já parou para pensar em quantas "preocupações" chegaram a se tornar, de fato, "ocupações" em algum momento da sua vida? Quando eu mesma faço essa autoanálise, percebo quanta energia desperdicei nos diversos momentos em que estive "preocupada" demais com coisas que, felizmente, nunca chegaram a acontecer. E, para as coisas difíceis que aconteceram, geralmente nada houve que eu pudesse resolver antecipadamente, ou seja, a preocupação foi sempre em vão.

Ao pensar em todas as situações em que a preocupação abala a nossa fé, e pensando em como Jesus reagiria às mesmas aflições a que estamos sujeitos aqui no nosso tempo, procuro orientação em sua história e só vejo perseverança e firmeza no "acreditar", em todos os sentidos. Ele, conhecedor de todos os corações, viu tudo o que havia para ser visto – de bom e de ruim – na humanidade e, ainda assim, além de manter firme a sua fé no Pai, também nunca perdeu a fé em nós.

Tenho no meu coração a indiscutível soberania de Jesus sobre todos os seres e o fato de Ele ter sido a maior manifestação personificada de Deus na Terra. Agora, imagine um ser dessa magnitude, confiando em mim e em você. Foi Ele mesmo quem disse que "das ovelhas que o pai me confiou, nenhuma se perderá" (João 6:39), expressando seu cuidado com cada filho de Deus especificamente.

Pensar no cuidado de Jesus para conosco, na importância que Ele nos deu, leva a crer que a fé em Deus também nos faz acreditar em nós mesmos. Se Ele acreditou que haveria um propósito especial na minha existência, como eu mesma poderia acreditar no contrário?

São inúmeras as situações, ao longo da vida de uma pessoa, em que o seu maior desafio é acreditar em si mesma e se reconhecer como filha do Deus criador de tudo o que há, mas observando atentamente as palavras de Jesus a nosso respeito, assim como todos os ensinamentos atemporais que amorosamente deixou para nós, nos tornamos capazes de assimilar e sentir esse amor, passando a desfrutar de uma vida digna de um filho amado.

Se acreditamos em Deus (e sabemos que Ele acredita em nós), torna-se mais possível acreditarmos em nós mesmos, de modo que, quanto mais conhecemos sobre Ele, mais conhecemos, também, sobre quem somos e do que somos capazes. Ninguém melhor do que aquele que criou todas as coisas – e, entre toda sua criação, olhou para o ser humano com um amor especial – para mostrar o valor que temos e a que viemos.

Não pode ser verdadeira a afirmação de que você acredita em Deus, se você não acredita em si. Se você diz que tem fé em Deus, mas não tem fé em si, procure conhecer um pouco mais sobre sua natureza e seus potenciais, investigar de onde vêm suas crenças e qual é o verdadeiro sentido que elas fazem para você, porque procurar desenvolver a fé de todas as formas possíveis pode mudar completamente a sua perspectiva sobre a sua própria existência.

Visto que nossas vidas são sempre determinadas por aquilo em que acreditamos, penso que, se eu acreditar em Deus, mas não acreditar em mim, indiretamente estou duvidando d'Ele. Da mesma forma, se digo acreditar em Deus, mas não tenho fé na vida, estou duvidando da Sua providência sobre ela. Assim, do meu ponto de vista, fé em Deus, fé na vida e, como consequência, fé em mim são crenças que se somam de modo a se complementarem e culminarem em um mesmo ponto: a entrega.

Houve um tempo na minha vida em que a maior parte do que eu acreditava sobre mim se resumia a incapacidade. Nunca é por acaso que "acreditamos no que acreditamos", sempre tem a ver com uma experiência muito marcante, uma afirmação muito repetida, palavras que falamos muito, coisas que ouvimos com muita frequência ou comportamentos que observamos ao nosso redor de maneira muito presente nos nossos círculos de convívio.

Eu fui uma criança muito querida, amada e elogiada. Uma das coisas pelas quais eu era reconhecida durante toda a minha infância e adolescência era a beleza. "Nossa! Que menina linda! Parece uma bonequinha!" – as pessoas costumavam dizer a quem quer que estivesse cuidando de mim, na minha presença e, às vezes, na presença de outras crianças também. Eu compreendo a intenção positiva de todas as pessoas que me elogiaram, assim como, hoje, tenho consciência do quanto esse reforço a um padrão de beleza específico pode influenciar negativamente todas as pessoas envolvidas na situação em questão.

Você já ouviu alguém dizer coisas do tipo "beleza e inteligência não andam juntas", "tal pessoa é bonita, mas é burra", "quem é bonito demais é inteligente de menos", "não passa de um rostinho bonito sem nenhum conteúdo"? Eu também já ouvi essas falas. Ouvi-as na infância, na adolescência, e elas continuaram ecoando na minha mente durante uma parte da minha vida adulta.

Pelo que eu ouvia repetidamente desde a minha infância, ficou muito clara para mim a crença de que eu era "bonita", mas a frequência com que eu ouvia essas outras frases, também estabeleceu em mim a crença de que, por ser bonita, eu não deveria ser muito inteligente.

Descobri só muitos anos depois, em tratamento terapêutico para depressão, que essa crença foi o que me impôs uma grande dificuldade de me desenvolver nos estudos durante toda a minha idade escolar, e o que me levou a acreditar que qualquer coisa em que eu pudesse "dar certo na vida" deveria ser vinculada à beleza, que era o meu único recurso, o meu único valor.

Antes de tomar consciência disso, por muitos anos, participei de vários concursos de beleza, ganhei diversos títulos, mas isso nunca me trouxe grandes realizações, de fato; ao contrário, cada vez que eu era reconhecida pela beleza, sentia mais forte o desconforto de acreditar que eu não era inteligente. E assim eu fui me sentindo cada vez mais e mais inferiorizada, e quanto pior eu me sentia, piores eram os meus resultados nos estudos.

Entre as minhas lembranças, a situação mais extrema de manifestação dessa crença de incapacidade aconteceu na primeira semana de aula da minha faculdade, em uma aula de conteúdos básicos de língua inglesa:

— Olha, eu não sei o que você está fazendo aqui. Se eu fosse você, desistiria dessa faculdade enquanto é tempo, porque você não vai se formar.

Foram exatamente essas as palavras que ouvi da minha professora naquele dia e que me deixaram muito mal, ao mesmo tempo que me impulsionou a buscar a transformação que me ajudaria a realmente "ficar bem" depois de algum tempo.

Durante o tratamento que mencionei antes, o meu terapeuta, em dado momento, considerou que, como eu já havia verificado que não tinha nenhuma limitação cognitiva em níveis neurológicos, essa dificuldade de aprendizagem poderia vir de alguma crença, algo que eu tivesse associado como verdade sobre minha capacidade de aprender e me desenvolver intelectualmente.

Foi em uma sessão de regressão que consegui me lembrar de todas as vezes que me senti desconfortável por ser elogiada na presença de outras crianças que não foram notadas ou reconhecidas também; do quanto começou a se tornar incômodo ser reconhecida sempre e unicamente pelo padrão de beleza de uma "bonequinha"; e de como eu me sentia burra toda vez que alguém dizia que eu era bonita.

Ao longo do tratamento, encontrei a minha cura por meio do perdão à professora da faculdade e da reformulação dessa crença. Não só me formei na faculdade, em Letras, como também publiquei artigos na área da Literatura e fiz pós-graduação em Linguística. Depois dei continuidade aos estudos na área da Terapia Holística e não parei mais; continuo aprendendo, porque pude reaver a minha fé em mim.

Quando eu cri verdadeiramente que era incapaz, fiz a incapacidade se manifestar e se concretizar na minha vida. Depois de passar a crer verdadeiramente que eu poderia, sim, aprender e me desenvolver, de fato aprendi, me desenvolvi e hoje trabalho ajudando outras pessoas a se desenvolverem também, porque este é o tipo de milagre que acontece por meio da fé: manifestar na realidade o que está no campo das crenças. Mas cabe, aqui, uma atenção especial ao fato de que esse poder de manifestação acontece tanto para coisas boas, quanto para coisas ruins, por isso é tão importante escolhermos sabiamente aquilo em que vamos acreditar.

Quando descobri que a minha essência é que define quem eu sou e o valor que realmente tenho como filha de Deus, passei a buscar desenvolver a minha fé naquilo que é bom para mim e, se hoje você está lendo estas páginas que escrevi, é porque houve esse movimento, esse posicionamento e essa transformação, por meio da fé, na minha vida.

A fé no que me faz ter sentimentos bons ao meu próprio respeito e, consequentemente, vibrar em frequências mais altas e SER uma energia melhor tem feito com que a vida me seja muito mais gentil do que era antes.

E, grata pela transformação que aconteceu na minha vida, acreditando verdadeiramente que transformações tão significativas quanto esta possam acontecer na sua vida também, quero convidar você a refletir um pouquinho e responder para si às seguintes perguntas:

1. Você acredita em Jesus o suficiente para acreditar no que Ele diz sobre você ser filho ou filha de Deus, capaz de fazer o que Ele mesmo fez em sua vida na Terra e ainda mais?

2. A sua fé tem se mostrado boa para você, de modo que as coisas em que acredita verdadeiramente o ajudem a ter sentimentos bons a seu próprio respeito?

5

Hoje sei o quanto as minhas escolhas são capazes de mudar o rumo da minha existência, e quando olho ao meu redor, percebo que a vida, hoje, nada mais é do que o reflexo de um caminho no qual a única e responsável pelas consequências sou eu mesma.

Capítulo 5
LIVRE-ARBÍTRIO

"Foi para a liberdade que Cristo nos libertou. Portanto, permaneçam firmes, e não se deixem submeter novamente a um jugo de escravidão."
(Gálatas 5:1)

Certa vez, ouvi de um mentor espiritual a seguinte história sobre Jesus:

"Um dia, quando Jesus era ainda criança, andando a caminho de casa, encontrou um formigueiro no meio da rua e ficou por um instante parado ali. Maria, sua mãe, veio ao seu encontro para saber o que estava acontecendo, e viu que Ele estava fazendo um caminho na terra, para que as formigas pudessem atravessar a rua sem o risco de serem pisoteadas pelas demais pessoas que passariam por aquele lugar.

Seguiram para casa e, no dia seguinte, quando Jesus voltou para conferir o que havia acontecido com as pequenas formigas, percebeu que algumas seguiram o seu caminho e estavam a salvo, mas que outras se encontravam esmagadas, no rastro deixado pela multidão".

Por mais que não haja nenhuma comprovação da veracidade dessa história enquanto um fato sobre a infância de Jesus, ela serve como uma ótima ilustração para nos ajudar a refletir sobre o quanto somos pequenos diante da vida e sobre quão graves podem ser as consequências das escolhas que fazemos ou dos caminhos que decidimos trilhar. Na história, Jesus abriu para aquelas formigas um caminho que poderia livrá-las da morte, mas muitas delas, ao invés de seguirem por ele, permaneceram onde estavam e, como consequência dessa decisão, morreram.

Quantas vezes somos, nós mesmos, como essas formiguinhas? Nos momentos em que temos, diante de nós, um caminho reto, seguro, e deixamos de segui-lo por ignorância, preguiça, teimosia ou apego, escolhendo caminhos mais fáceis, mais próximos, mais largos, ou apenas mais familiares que, no fim, revelam as limitações da nossa percepção e a nossa pequenez a impedir-nos de enxergar o que seria melhor para nós.

Essa reflexão leva a crer que a referida pequenez é um estado de consciência. E é justamente essa consciência que precisa ser transformada, considerando que, muito mais que as formigas, somos capazes de aprender a identificar quais são os melhores caminhos para trilharmos.

Para isso precisamos, contudo, entender que somos protagonistas de nossas próprias histórias e, assim, deixarmos de "apenas existir", para passarmos a ter um olhar atento ao que nos cerca e, a partir disso, nos tornarmos mais responsáveis e capazes de fazer escolhas que nos conduzam ao caminho da vida abundante, ao invés da morte precoce.

A Bíblia diz que até os fios de cabelo de nossas cabeças estão contados por Deus (Lucas 12:7). Isso me faz pensar que Deus age como um pai amoroso que não está alheio ao que acontece conosco, mas que, embora seja onisciente, dá espaço para seus filhos construírem suas próprias vidas e para que também vivam as consequências de suas escolhas, sejam elas boas ou ruins.

Acredito que um pai nunca deseja o sofrimento de seu filho, mas, ao mesmo tempo, imagino que ele saiba que não pode privá-lo de aprender com suas próprias experiências de vida. Desse modo, podemos compreender que "saber e permitir" são conceitos diferentes de "desejar".

Uma vez que Deus sabe tudo sobre nós e nos permite fazer escolhas – mesmo quando elas não se alinham àquilo que Ele, como pai, desejaria para nós –, tudo que vivenciamos pode ser permitido por Deus, ainda que não seja, necessariamente, "da Sua vontade". E isso acontece porque nos foi concedido o livre-arbítrio, ou seja, a liberdade para tomarmos decisões com base em nossas próprias vontades.

Embora nem sempre consigamos usá-la sabiamente, essa liberdade que Deus nos dá, de fazer escolhas e receber suas consequências, é de extrema importância para o nosso crescimento. Como poderíamos aprender com os nossos erros se, por exemplo, todas as vezes que plantássemos ervas daninhas, colhêssemos frutos saborosos?

Dificilmente conheceremos alguém que nunca tenha sofrido as consequências de uma escolha ruim, uma decisão errada ou uma atitude que tenha causado arrependimento. E quando, entre essas pessoas que sentiram o peso de suas consequências, encontramos uma que aprendeu e se transformou para melhor a partir dessa dor, então encontramos um ser que se tornou um pouco mais sábio.

Pergunto-me se teríamos qualquer interesse em nos esforçarmos para sermos pessoas melhores se tivéssemos nascido nas condições mais favoráveis possíveis nessa Terra, com uma família perfeita, uma saúde impecável, uma aparência sempre admirável, destinados a viver o romance ideal, em uma sociedade-modelo e com uma conta bancária sempre cheia de dinheiro. Que tipo de pessoa seríamos se nossas

Danieli Santos

vidas fossem assim? Será que haveria um modo de exercitarmos a compaixão? Será que aprenderíamos a virtude da paciência? Que aspectos conheceríamos da nossa própria consciência?

Basta lembrarmo-nos de como aprendemos a desenvolver nossas maiores virtudes e dos momentos em que conhecemos nossas maiores forças, para percebermos que, se a vida nos permitisse fazer apenas e tudo o que realizasse os nossos desejos, muito pouco teríamos aprendido e melhorado enquanto seres humanos. Mas essa dança à qual a vida nos convida, para oscilar entre os bons e os maus momentos, é o que nos leva a amadurecer e o que nos permite perceber o quão abençoados somos pelo simples fato de estarmos aqui para desfrutar da vida, em toda sua complexidade.

Quanto a mim, vejo que as dificuldades e imperfeições com as quais já precisei lidar ao longo dos meus dias – inclusive aquelas que foram consequências de minhas próprias escolhas – foram os fatores que mais contribuíram para que eu desenvolvesse as virtudes que hoje tenho comigo, afinal, nos meus maiores desafios é que estiveram, sempre, as minhas maiores oportunidades de superação.

Essa percepção é o que me leva a crer que, diferentemente do que muitos pensam, Deus não castiga, não abandona nem impõe suas regras; ao contrário, Ele nos aponta o caminho, nos oferece as condições, nos orienta a uma vida fundamentada no amor e na fé, e nos ensina quais são as ferramentas necessárias para percorrermos esse caminho, sem jamais nos tirar a liberdade de escolher trilhá-lo ou não, porque nosso livre-arbítrio é irrevogável.

Já ouvi vários relatos de pessoas que, ao passarem por momentos de aflição, tiveram a sensação de que Deus as havia abandonado, e eu mesma estaria mentindo se dissesse que nunca me questionei sobre isso também. Mas hoje, nesses momentos de dúvidas, me recordo da história de Jesus e me lembro de que, assim com Deus esteve o tempo todo com Ele, também está o tempo todo comigo.

Ao refletir sobre a onisciência, onipotência e onipresença de Deus, me pergunto, então: ciente de que Ele está comigo, será que EU tenho escolhido, verdadeiramente, estar com Ele?

Sinto que escolho, realmente, estar com Deus quando, nos momentos difíceis, deixo de ser como uma "marionete" das circunstâncias ou uma refém do destino e me lembro de utilizar as ferramentas que Deus disponibilizou para mim – como os meus dons, os meus talentos, os meus conhecimentos, os meus recursos –, me lembro de que Ele me ama, resgato a consciência de que sou livre e o meu direito de recorrer ao Deus Pai na minha real condição de FILHA.

Por mais que eu acredite em destino e seja consciente de que todos estamos sujeitos a viver situações indesejáveis, eu acredito também na autonomia que me foi concedida para coparticipar da criação do meu destino. Penso que acreditar que não temos o poder de conduzir nossas próprias vidas é nos tornarmos escravos do passado e das circunstâncias, e que a vida pode ser muito melhor se caminharmos mais conscientes de quem somos e das possibilidades que temos para sermos mais felizes enquanto vivemos, por aprendermos a usar sabiamente a liberdade de escolha que nos foi dada.

É assim que o livre-arbítrio, para mim, não se resume apenas a "escolher o caminho", mas também a escolher como vamos trilhá-lo, conscientes de que, por mais que não possamos prever, decidir ou controlar algumas situações que haveremos de enfrentar, sempre podemos escolher o posicionamento que teremos diante dessas situações, nos tornando mais ativos e menos reativos.

Em suma, poderia dizer que o que enxergo de mais valioso no nosso livre-arbítrio é o fato de sempre podermos escolher aprender com as adversidades, transformando em sabedoria e força o que, de outro modo, poderia representar a nossa ruína.

Observo que, embora tenha nos dado total liberdade para fazermos nossas escolhas, Deus também enviou a Jesus para nos ajudar a escolher com sabedoria. Pelo exemplo de Cristo, nossas escolhas seriam sempre direcionadas para o caminho indicado por

Deus e nossas atitudes seriam sempre baseadas em fazer o bem ao próximo e a nós mesmos.

Não há de ser por acaso que Jesus nos apresentou como maiores diretrizes para a vida os mandamentos de "amar a Deus sobre todas as coisas" e "amar ao próximo como a nós mesmos". Se conseguíssemos nos lembrar disso antes de fazer cada escolha ou de tomar cada decisão, com certeza seríamos mais bem-sucedidos em todos os nossos caminhos. Mas o problema é que nem sempre temos Deus como nossa primeira e mais importante escolha; por causa disso, também não conseguimos amar devidamente a nós mesmos, e essa triste realidade acaba por comprometer o nosso amor ao próximo e dificultar a empatia.

Quando escolhemos a mágoa em vez do perdão, o ódio em vez do amor, o julgamento em vez da compreensão, expressamos que rejeitamos o caminho indicado por Deus e, com a intenção de prejudicar ao próximo, acabamos por prejudicar a nós mesmos.

O que acontece, no entanto, é que muitas vezes ainda existe em nós um sentimento de prazer em ver o outro cair. No fundo, por trás das nossas desculpas e discursos, está o anseio de que algo de ruim aconteça às pessoas que estão vivendo melhor do que a gente em algum sentido, ou desfrutando abundantemente daquilo que vai de encontro com a nossa escassez, como se o fato de não termos, ainda, conseguido algum tipo de sucesso fosse culpa de quem já conseguiu antes de nós. Então, a possibilidade de ver essas pessoas diminuídas, mesmo que ao custo de decisões reprováveis, acaba trazendo uma espécie de satisfação, e passamos a ter atitudes que vão se consolidando como um padrão de escolhas que acaba sendo muito nocivo para nós mesmos.

Essa constatação me faz perceber que, quando Jesus nos deu a dica de "não faça aos outros o que não queres que seja feito a você", Ele estava, mais uma vez, nos orientando a fazer bom uso do nosso livre-arbítrio.

Quando escolhemos fazer o bem ao próximo, mesmo – e especialmente – quando este "próximo" nos tenha causado algum mal, usamos nosso poder de escolha para interromper um ciclo de maldade, e nos tornamos maiores do que sentimentos como o desejo de vingança ou a inveja. Além disso, desempenhamos nosso papel de protagonista ao reconhecermos nossa história como livre e independente das atitudes dos outros, e fortemente impactada pelas nossas próprias atitudes.

Considerando que tudo o que fazemos expressa o que está dentro de nós, impregnado no nosso ser, e lembrando de que não é possível entregar uma brasa em chamas nas mãos de alguém sem, antes, nos queimarmos com ela, escolher o mal nos torna maus naquele momento, assim como escolher o bem evidencia a bondade que há dentro de nós.

Desse modo, "não fazer ao outro o que não gostaríamos que fosse feito a nós" é uma atitude duplamente inteligente, segundo a qual nos conectamos com o melhor que há dentro de nós, assim como temos a oportunidade de despertar o que há de bom dentro do outro ao qual nos referimos.

Minha experiência como terapeuta me mostra que as situações mais desafiadoras para a utilização do nosso livre-arbítrio com sabedoria residem nos nossos relacionamentos interpessoais, pois lidar com o outro é uma das coisas que mais explora tudo o que existe dentro da gente.

De modo geral, temos uma tendência forte a nos superestimarmos. É muito mais fácil enxergarmos as falhas dos outros do que as nossas, por isso é que é raríssimo ver alguém reconhecer genuinamente seus erros e sua responsabilidade em um conflito relacional.

Via de regra, o que predomina nos relacionamentos em conflito é o ego. E sob a perspectiva do ego é difícil chegar a uma resolução. Experimente olhar fixamente para a ponta do seu nariz. Você com certeza até consegue ver que existe um nariz aí, mas pela proximidade com que está olhando, se torna impossível enxergá-lo nitidamente.

É assim que a percepção distorcida que adquirimos sobre nós mesmos, quando olhamos sob a perspectiva do ego, atrapalha o bom desenvolvimento dos nossos relacionamentos, na medida em que vemos claramente as falhas dos outros, mas somos incapazes de reconhecer as falhas semelhantes que estão em nós, para corrigi-las a partir do único ponto que realmente podemos escolher mudar: nossas próprias atitudes.

Gosto muito de elucidar essa reflexão com uma frase que diz que "só é possível ver beleza em algo ou alguém, quando já carregamos beleza dentro de nós". O mesmo se dá em relação à maldade, daí a necessidade de nos lembrarmos disso para escolher olhar com mais compaixão as pessoas com quem escolhemos nos relacionar, afinal, essas pessoas são apenas seres que, assim como nós, possuem qualidades, defeitos e o direito de fazer suas próprias escolhas, com as mesmas chances de acertar e errar.

Olhar para as outras pessoas é, de certa forma, como se olhar no espelho. Assim, aquilo que não é agradável de ser visto deve ser trabalhado, primeiro, em nós mesmos, para que não persista em refletir todas as vezes que olharmos para alguém. Essa premissa ilustra perfeitamente uma fala de Jesus, registrada no evangelho de Mateus (cap. 6, v. 22-23): "Os olhos são a lâmpada do corpo. Se teus olhos forem bons, todo o teu corpo terá luz. Se, porém, os teus olhos forem maus, todo o teu corpo se encherá de escuridão. Se a luz que há em ti está apagada, imensa é a escuridão".

Os olhos representam tudo aquilo que vemos. E ver vai além de enxergar, pois "enxergar" é apenas a manifestação de um sentido do corpo físico, enquanto "ver" é uma manifestação da alma, com raízes na consciência presente.

A partir do filtro pelo qual vemos, podemos escolher julgar ou amar. É por esse motivo que os olhos são a janela da nossa alma: a depender do modo como interpretamos o que acontece ao nosso redor, fazemos crescer em nós a luz ou a escuridão; e a escolha é sempre só nossa.

Além das escolhas que causam as dificuldades mais comuns nos relacionamentos interpessoais, também observo, nas terapias que conduzo, as escolhas que resultam na dificuldade em viver de forma mais simples e leve.

Estamos – veja bem que me incluo aqui – tão acostumados a nos sentirmos insatisfeitos e precisarmos "buscar mais", que às vezes parece que os problemas e conflitos precisam estar presentes para manter esse dinamismo na nossa realidade. Como se uma "calmaria", uma "trégua", um período mais longo de satisfação e de paz chegasse a causar alguma estranheza.

Sei que não é intencional, e acredito que nem seja racional, mas observo situações em que as pessoas, inclusive, "garimpam" suas mágoas e "remoem" seus problemas do passado para atender a um desejo inconsciente de resgatar a insatisfação nesses momentos que poderiam ter a paz que não é "de costume", como se os sentimentos negativos servissem de combustível para impulsionar a pessoa a seguir adiante com suas buscas.

Essa resistência inconsciente que muitas pessoas encontram em "viver em paz" é uma das coisas que mostra como a escolha pela pacificação é um reflexo do autoconhecimento. Quando reconhecemos a paz dentro de nós, conseguimos externalizá-la para o ambiente ao nosso redor, e ela passa a fazer parte da nossa vida com maior naturalidade.

A partir do momento em que conseguimos, realmente, nos reconhecer como seres pacíficos e pacificadores, passamos a emanar e atrair essa paz que deixa a vida mais leve. Coisas que, antes, canalizavam toda nossa energia para a negatividade passam a se tornar menos relevantes, porque o valor que passamos a dar para a paz que encontramos é maior do que o desejo de imergir nessas emoções disfuncionais e, em vez de sermos tomados pelas intempéries da vida, escolhemos lançar sobre todas as coisas um olhar mais gentil.

Buscar essa paz é, provavelmente, uma das escolhas mais sábias que nosso livre-arbítrio poderia nos permitir, mas é também um exercício de maturidade. Somente alguém que procura desenvolver sua espiritualidade, sua consciência, sua conexão com Deus é que se torna mais propício a assimilar e aplicar à sua vida esse ensinamento de Jesus, que considerou "bem-aventurados os pacificadores" (Mateus 5:9).

Assim, podemos até concordar que os conflitos às vezes nos fazem sentir que estamos "vivos" e, de algum modo, nos impulsionam, mas é evidente que a paz é inigualavelmente preciosa, no sentido de nos proporcionar uma vida mais leve. Quando paramos de dar vazão aos impulsos automáticos e progredimos no autoconhecimento que nos leva à reflexão do porquê fazemos o que fazemos, somos muito mais intencionais em nossas atitudes e nos tornamos capazes de fazer escolhas que plantem vida, paz e alegria, a fim de que possamos colher esses frutos no futuro.

A cada pessoa que crê em Cristo já deve ter ocorrido o pensamento de que Jesus talvez tenha passado por todo o sofrimento que passou "porque não teve escolha". Não é verdade. Tudo que se conta sobre Ele deixa muito claro que compreendia essencialmente o propósito de tudo que lhe aconteceria, e que decidiu entregar-se para trazer ao mundo a redenção por meio do seu sacrifício. Assim como escolheu livremente, em seu tempo de passagem pela Terra, caminhar com amor e fé, para que sua trajetória impactasse a humanidade com tamanha força, que esta teria sua história dividia entre "antes" e "depois" d'Ele.

Não podemos dizer que não houve tristeza, desalento ou sofrimento, mas sabemos que Ele serenamente se entregou, não resistiu e a tudo suportou, honrando sua escolha com a firmeza característica de alguém que compreendeu verdadeiramente o propósito de sua existência.

Buscando a cada dia reconhecer e honrar o propósito da minha própria existência, quando é chegada a minha hora de fazer escolhas difíceis procuro pensar no que escolheria Jesus, em meu lugar. Assim, quando apresento qualquer tendência a julgar as escolhas de alguém, também me questiono sobre o que eu mesma escolheria se estivesse na mesma situação, com a mesma consciência e as mesmas condições da referida pessoa. E as respostas a esses questionamentos sempre indicam para o amor, a compaixão e a paz.

Nos meus momentos de maior conflito ao tomar uma decisão, também recorro à referência da linda e profunda oração da serenidade:

"Concedei-me, Senhor, a serenidade necessária para aceitar as coisas que eu não posso modificar. A coragem para modificar aquelas que posso. E a sabedoria para discernir a diferença entre elas.

Vivendo um dia de cada vez, desfrutando um momento de cada vez, recebendo as dificuldades como um caminho para a paz; aceitando – como Jesus aceitou – este mundo tal como é, e não como eu gostaria que fosse; confiando que Ele fará tudo certo, contanto que eu me entregue à Sua vontade, para que eu seja razoavelmente feliz nesta vida, e supremamente feliz com Ele, na próxima. Amém".

Tomar consciência da responsabilidade perante a própria vida, e procurar aprender a usar o livre-arbítrio com sabedoria é a escolha mais importante que alguém pode fazer.

Um dos exemplos mais lindos de utilização do livre-arbítrio que já presenciei foi por meio da vida de uma mulher que, enfrentando um câncer em estágio terminal, diante de todas as dores e dificuldades impostas pela doença, e já na iminência de deixar seus filhos, esposo e demais familiares, escolheu viver os dias que lhe restavam – e que nem tinha certeza de quantos seriam – com toda a intensidade que podia.

Quando lhe perguntavam como ia o seu tratamento ou se sentia algum medo da morte, ela dizia serenamente: "Entreguei tudo nas mãos de Deus. Se Ele não puder curar o meu corpo, sem dúvidas já está curando minha alma".

A condição de enfermidade que essa mulher experimentou há de ter sido inimaginavelmente difícil, mas estou certa de que o modo como ela escolheu olhar para esse momento e passar por essa situação a permitiu viver tudo isso da melhor maneira que seria possível para ela e para todos que fizeram parte de sua vida.

Quero, por fim, lembrar-lhe de que, independentemente de quais sejam as situações que você esteja vivendo – extremas alegrias ou profundas tristezas –, este é o momento de escolher o que você fará dessa experiência, que é tão passageira quanto todas as outras que já viveu até aqui. Então, pergunto:

1. Como você poderia, hoje, escolher compartilhar e multiplicar suas alegrias?

2. Como você poderia, hoje, escolher aprender com suas tristezas?

3. Como você poderia, hoje, escolher promover a paz?

4. Que tipo de consequências suas escolhas têm atraído para si?

6

Quando descobri que sou quem eu não sou, me encontrei de fato com a minha verdadeira identidade. A transformação acontece quando deixamos apenas de representar papéis na vida, para nos tornar aquilo que somos em essência.

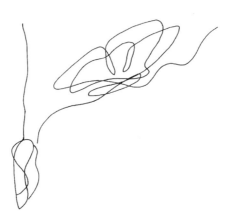

Capítulo 6
TRANSFORMAÇÃO

"Quanto à antiga maneira de viver, vocês foram ensinados a despir-se do velho homem, a serem renovados no modo de pensar, e a revestir-se do novo homem."
(Efésios 4: 22-24)

Como bem lembrou o apóstolo Paulo, é preciso morrer o homem velho para nascer o homem novo. Mas, em vez da consciência dessa verdade, o que vejo, nas queixas que acompanham grande parte das pessoas em quem observo o nocivo hábito de reclamar, é a manifestação do desejo de que a vida seja diferente, as coisas sejam diferentes, os resultados sejam diferentes, nas finanças, nos relacionamentos, na saúde ou no trabalho; ao mesmo tempo em que pouco se expressa, junto com essas vontades, a disposição para se transformar, para deixar ir "o homem velho" e chegar-se "o homem novo".

Para que qualquer coisa chegue à nossa vida, é preciso haver espaço – seja essa coisa material ou não. Mas impedimos esse espaço quando, por exemplo, pensamos em um relacionamento novo, antes de resolver as pendências do relacionamento anterior; quando queremos coisas novas, e nos recusamos a compartilhar as que já possuímos; ou quando queremos ser preenchidos de amor, mas não desapegamos das mágoas.

O problema é que, muitas vezes, esperamos que o bem, o novo, o desejável se manifeste em nossas vidas, mas nos mantemos agarrados ao que não nos serve mais. Imagine se uma borboleta conseguiria deixar de ser lagarta, abrir as asas e voar se sentisse a necessidade de ceder ao medo e manter-se presa ao casulo, por ser o lugar que ela já conhece e onde já está adaptada a viver. Parece uma comparação absurda, mas é exatamente assim que agimos quando continuamos presos aos padrões de pensamento, de escolhas e de decisões, que já sabemos que não nos trazem resultados satisfatórios, mas que resistimos em mudar porque embora disfuncionais, nos são familiares.

Conhecemos bem, e até repetimos, as frases que expressam a indiscutível verdade de que "não é possível obter resultados diferentes por meio de atitudes iguais", mas quando essa premissa se aplica à nossa própria vida e reflete o nosso próprio comportamento, parece que "fazer" não é assim tão simples quanto "falar", afinal, se para "nascer o novo", é preciso "morrer o velho"; se é na minha vida que esse "novo" precisa chegar, é daqui, também, que este "velho" precisa sair; e "deixar ir" pode ser um processo extremamente doloroso.

Talvez seja pelo impulso de tentar evitar essa dor que tantas pessoas se conformam em aceitar como verdade o grande equívoco de que "pau que nasce torto, morre torto", o que é, aliás, uma das maiores mentiras já contadas na cultura popular.

Nem se quiséssemos, conseguiríamos nos manter iguais desde o dia do nosso nascimento até o dia de nossa morte. Tudo o que respira na natureza já está em um constante processo de transformação. O grande desafio, para nós, no que se refere a isso, é conseguirmos colocar intenção nessas transformações inerentes ao nosso ser, para que elas aconteçam mais em nosso favor do que contra nós, visto que transformar significa adquirir uma nova forma, modificar o que já existe e, para além do material, esse conceito também é aplicável no que tange ao comportamento humano.

As plantas se transformam rapidamente sob cada novo estímulo da luz, do clima, do tempo. Podemos considerar, inclusive, que um dos seus principais fatores de transformação seja a qualidade dos seus nutrientes. Nutrindo-se de luz, água e outros tipos de alimento, a planta cresce e se desenvolve, chegando a transformar completamente sua aparência, seu sabor, sua cor, sua textura.

O mesmo acontece conosco. Para continuarmos vivos, agimos sob o instinto de nos nutrirmos, e a qualidade dos nossos nutrientes é um dos fatores que determina o modo como acontecerão as nossas transformações.

Desde o momento em que chegamos ao mundo, começamos a absorver, como forma de nutrição, o que nos é oferecido pelos pais, depois pela escola, pela sociedade, pelos nossos círculos de convivência em geral. Assim, vamos nos transformando em um reflexo de todas essas vivências, um resultado da absorção de todas essas energias. Quando tais vivências e energias são positivas, essa transformação se realiza em nosso favor, e quando são negativas, começam a constituir nossas carências e insatisfações.

De todo modo, nutridos e transformados por vivências e energias boas ou ruins, passamos a acreditar – e a viver de acordo com essa crença – que somos apenas o produto de todas essas experiências que constituem nossa personalidade, concedem os nossos títulos e definem os nossos status e papéis.

Em síntese, passamos a nos reconhecer tal como somos superficialmente reconhecidos pelos outros: pelo nosso nome, nossa profissão, nosso estado civil, nossas características físicas, entre outros fatores observáveis de maneira prática. Mas o fato é que somos muito mais do que isso. Ainda que fiquemos sem nome, sem trabalho e até mesmo sem o corpo que habitamos nessa passagem pela Terra, continuamos existindo, como seres espirituais; e essa distorção da identidade nos atrapalha muito em contribuir com nossos próprios processos de transformação, porque como poderemos "modificar o que existe", se não conhecermos bem o que isso é, em essência?

O que há de mais prejudicial em nos identificarmos demasiadamente com as características do mundo materializado, ao ponto de acreditarmos que nos limitamos à matéria, é que sob essa perspectiva estritamente material não é possível enxergar um propósito de vida e tudo se resume ao vazio gerado pela busca desenfreada pela satisfação.

Como está claro, é indiscutível o fato de que vamos nos transformar de muitas maneiras ao longo da vida; portanto, se não colocarmos intenções claras nos nossos processos de transformação, eles acontecerão meramente pela lei de causa e efeito, segundo a qual: eu escolho um tipo de alimentação e meu corpo se transformará como consequência daqueles nutrientes; eu escolho um tipo de pessoa para me relacionar e o meu padrão de relacionamento será transformado de acordo com essas relações; escolho consumir um tipo de informação e meu modo de pensar será transformado de acordo com esses conhecimentos.

Pequenos prazeres do dia a dia, como sexo, comida, bebida, compra, trabalho, lazer, também funcionam como essa espécie de "nutriente" que contribui para a nossa transformação. Mas quando fazemos isso de forma descompensada – por exemplo, buscando excessivamente os prazeres imediatos em detrimento de outros tipos de nutrientes, que contribuiriam para transformações positivas em nossa mente, consciência ou espírito –, podemos não gostar, futuramente, do resultado da mudança que teremos promovido em nossas próprias vidas, por meio dos nossos comportamentos e das nossas decisões.

Por um instante, imaginemos que a vida seja como uma parede de uma casa. Com o passar dos anos, pela ação do tempo, essa parede inevitavelmente adquire marcas, como manchas e fungos, que se desenvolvem pela umidade. Naturalmente, a aparência, a textura e o odor de tal parede começam a causar sensações de incômodo nas pessoas que residem nesta casa, colocando-as, então, diante de duas opções: adaptarem-se ao desconforto ou tomarem alguma providência para mudar a situação.

Optando por tomarem alguma providência, elas decidem fazer uma limpeza e cobrir a parede com uma nova pintura, o que melhora o seu aspecto de imediato. Mas, depois de algum tempo, a tinta fica gasta novamente e a umidade propicia o desenvolvimento de novos fungos, de modo que a aparência e o odor começam a incomodar outra vez.

O que essas pessoas não conseguem ver pela superfície é que há, por trás da tinta e do cimento, uma pequena vertente de água que, enquanto não for consertada, não parará de causar os efeitos que geram o desconforto. É por isso que, a cada nova limpeza e pintura, a pequena reforma dura menos e os estragos são maiores, porque, de pouquinho em pouquinho, os danos causados à parede pela vertente de água aumentam significativamente.

Mas as pessoas responsáveis pela casa acham que seria tão trabalhoso quebrar a parede para encontrar o problema e solucioná-lo de fato, que se conformam em fazer esses pequenos reparos que, por mais frequentes que sejam, ainda parecem soluções mais fáceis.

Pelo aumento gradativo e sutil do problema, as consequências de continuarem apenas "maquiando" essa parede seriam, certamente, chegar a um dano muito mais grave do que algumas manchas e mofos, que implicaria a necessidade de uma medida muito mais drástica do que quebrar um pedaço da parede, consertar o vazamento e reconstruir o local.

Quantas vezes a parede mofada é a nossa própria vida, e as pessoas que escolhem soluções ineficazes somos nós mesmos? Afinal, porque nos darmos ao trabalho de investigar a fundo e solucionar os problemas pela raiz, se vivemos em um mundo de aparências, em que uma nova pintura já resolve o desconforto?

O maior problema, sobre isso, é que perdendo essa disposição para ir mais fundo e solucionar os problemas de dentro para fora - a partir da raiz -, passamos a transferir essa mesma superficialidade para praticamente tudo que faz parte das nossas vidas e, gradativamente, vamos nos perdendo, também, do sentido da nossa existência.

Sei que há quem discorde desse meu pensamento, mas, para mim, a existência de uma alma não se resume a adquirir um corpo e vir ao mundo comer, se reproduzir, pagar contas, sentir algumas dores e desfrutar de alguns prazeres. Prefiro acreditar que a vida seja muito mais que esses aspectos básicos da nossa sobrevivência; do contrário, toda a trajetória de Jesus teria sido em vão.

Já vi gente comparando a vida a um hospital, no qual todos os seres estão, de alguma forma, buscando a cura. Todavia, concordo mais com quem diz que a vida é uma escola, na qual estamos para aprender e progredir a cada nova fase. Mas o fato é que, tanto no hospital quanto na escola, entramos com o principal intuito de evoluirmos em algum aspecto, e passarmos por transformações durante o processo.

Se vamos nos transformar de uma maneira ou de outra, penso que o melhor modo de fazê-lo é procurando "mudar para melhor", nos transformando em pessoas melhores para nós mesmos e, como consequência, para o mundo ao nosso redor, cientes de que a chave para se "autotransformar" é se "autoconhecer".

Quero convidá-lo, agora, a refletir sobre as seguintes questões:

1. O que você mais gostaria que fosse modificado na sua realidade?

2. O que você percebe que precisa ser modificado em você, para que essa mudança na sua realidade se concretize?

3. Caso você não tenha encontrado resposta à segunda pergunta, que ajuda você pode procurar para encontrá-la?

Como você deve ter percebido, essas respostas conduzem a uma direção de mudanças embasadas na "autorresponsabilidade", e nós sabemos que isso não é tão fácil, assim como sabemos que pode ser o pequeno detalhe que falta para que você, finalmente, consiga alcançar as mudanças que tanto deseja.

Trilhar um caminho de transformação de maneira intencional e consciente às vezes dói, outras vezes cansa, mas podemos, mais uma vez, encontrar em Jesus a força e o encorajamento necessários:

"Venham a mim, todos os que estão cansados e sobrecarregados, e eu lhes darei descanso. Tomem sobre vocês o meu jugo e aprendam de mim, porque sou manso e humilde de coração, e vocês encontrarão descanso interior. Pois meu jugo é suave e o meu fardo é leve." (Mateus 11:28-30).

Nunca vi um registro de Jesus dizendo que nossos caminhos deveriam ser sempre fáceis, mas me recordo de inúmeras passagens em que Ele nos lembra de que está conosco.

"Se creres em mim, eu rogarei ao Pai, e Ele vos dará outro consolador, para que fique convosco para sempre; o Espírito da verdade, que o mundo não pode receber, porque não o vê nem o conhece; mas vós o conheceis. Esse vos ensinará todas as coisas, e vos fará lembrar de tudo quanto vos tenho dito, porque habita convosco, e estará em vós. Não vos deixarei órfãos; voltarei para vós. Ainda um pouco e o mundo não me verá mais, mas vós me vereis, porque eu vivo, e vós vivereis." (João 14:15-19).

Ao afirmar que seu próprio Espírito estaria conosco, acredito que Jesus estava nos lembrando de nossa capacidade genuína de transcendermos os aspectos materiais da nossa existência, e para acessarmos nossa verdadeira essência espiritual, a fim de transformarmos essa "persona", que desempenha nossos papéis, na consciência que sabe que a vida material é apenas uma ferramenta, uma ponte, entre este plano e a iluminação. Eis a maior transformação que nos cabe empreender: a consciência de quem somos.

Nem sempre eu tive essa consciência viva e atuante em meu favor. Costumo dizer que minha vida não foi difícil, mas a interpretação que eu fiz dela, por muitos anos, o foi.

Aos nove anos de idade, eu fui diagnosticada com febre reumática (FR) – uma doença considerada autoimune, e que tem como principais sintomas dores muito fortes nas articulações.

Durante os outros nove anos seguintes, como tratamento para essa doença, eu tomava injeções de Benzetacil a cada 21 dias, mas não apresentava melhoras. Em vez de lidar só com as dores da FR, eu tinha, também, as dores da injeção.

Por volta dos 18 anos de idade, além de todas as tentativas de medicações naturais aliadas ao tratamento para a febre reumática, também comecei a fazer terapia, como um recurso de auxílio à minha saúde emocional.

Aconteceu que, ao longo do meu tratamento terapêutico, pude identificar e reconhecer um sentimento profundo de rejeição, que fazia com que eu me sentisse sempre como uma vítima das pessoas e das situações, e alguém indigna de receber amor e atenção. Esse sentimento tinha raiz na interpretação que fiz da minha relação com meus pais e avós.

Hoje, compreendo verdadeiramente que minha família me ofereceu todo amor que tinha para me dar naquele momento, mas, na época, eu achei que era pouco, interpretei como insuficiente, e culpei a mim mesma por isso. "Se eles não me amam como eu gostaria de ser amada, é porque eu não sou digna desse amor que eu gostaria de receber" – era essa a crença instalada no meu subconsciente.

Compreendi só alguns anos mais tarde, já nos meus estudos e formações como terapeuta holística, que, de um ponto de vista terapêutico, as doenças autoimunes são uma forma inconsciente da pessoa que não se aceita, se "autodestruir". O sentimento que a pessoa desenvolve a respeito de si mesma prejudica as defesas do próprio organismo e potencializa a manifestação dos sintomas.

Sintomas são sempre sinais de alerta para indicar que "algo não vai bem" e, no meu caso, o que "não ia bem" tinha raiz na interpretação deturpada que eu havia cultivado sobre minhas relações familiares, afetivas e sobre mim mesma.

Foi só em torno dos meus 20 anos de idade que, conforme fui observando esses sentimentos e crenças e elaborando essas questões com a ajuda do meu terapeuta, consegui deixar de me cobrar e culpar tanto; o resultado dessa mudança foi que comecei a me permitir reconhecer-me como alguém que era, sim, aceita e amada.

Aos poucos, por estar mais aberta para aceitar, eu fui conseguindo enxergar as demonstrações de afeto das pessoas para comigo e, de maneira surpreendente, a resposta ao tratamento da minha saúde emocional contribuiu para a resposta ao tratamento da minha saúde física. Os sintomas da febre reumática começaram a diminuir, até desaparecerem completamente.

Embora a FR seja considerada uma doença "sem cura", enquanto escrevo essas páginas, em maio de 2021, estou há exatamente 12 anos sem sintomas. Se você me perguntar se eles podem voltar a aparecer, posso responder seguramente que: enquanto eu me mantiver nessa busca pela consciência e conexão com quem eu sou em essência, cuidando da minha saúde de maneira integral (física, mental e emocional), acredito que não terei os referidos sintomas, porque não haverá necessidade de o meu corpo me alertar sobre essas questões especificamente.

A compreensão que tenho hoje sobre essa parte da minha história, inclusive, é uma das coisas que me faz ser grata a essa doença, devido a tudo que ela me mostrou e a como os sintomas da febre reumática me levaram a encontrar a cura que sanou tanto as minhas dores emocionais quanto as físicas.

Resgatar a consciência de quem sou e me permitir novas interpretações sobre a minha história

A LUZ EM MINHA VIDA

e minha vida foi algo que me transformou em uma pessoa melhor para mim, para aqueles com quem me relaciono, para o mundo no qual eu vivo e, ao mesmo tempo, mudou para melhor, também, o meu modo de viver a vida.

7

Amar a Deus é uma magnífica redundância, pois se trata de amar o próprio amor. E não há como amá-lo verdadeiramente se ainda não sei o que é amar sua criação. O amor a Deus começa no amor por mim.

Capítulo 7
AMOR

"Amarás o Senhor teu Deus de todo o teu coração, de toda a tua alma, e de todo o teu entendimento. Este é o primeiro e grande mandamento. E o segundo, semelhante a este, é: amarás o teu próximo como a ti mesmo."

(Mateus 22:27-39)

A principal orientação que Jesus Cristo deixou para nós vivermos sobre a Terra foi a de "amar a Deus sobre todas as coisas e ao próximo como a nós mesmos". Eu, particularmente, reconheço a Deus em tudo que há de magnífico no mundo que me cerca, e sempre penso n'Ele manifestado por meio do amor. Desse modo, pelo desenvolvimento da minha consciência, também me reconheço como partícula d'Ele, pois, se eu sou fruto do amor, se eu amo, se eu sou amada, se eu vejo o amor, se eu sinto o amor de maneiras distintas, percebo que há Deus em mim.

Mas reconhecer a Deus, em mim e em tudo, não é novidade. O próprio Jesus, antes de partir de sua vida como ser humano habitante da mesma Terra que nós, disse que ficaria conosco o Espírito Santo de Deus. Então, que Ele está aqui entre nós, é fato. Diante do fato, será que conseguimos, contudo, obedecer ao mandamento? Seguir a principal orientação?

Se compreendo que Deus é o criador, e eu a criatura, significa que meus semelhantes são criaturas também – criação de Deus, como todo ser que faz parte da existência humana. E se, por ser criação de Deus, reconheço Deus em mim, pela consciência de que o meu próximo também é criação de Deus hei de reconhecer Deus, igualmente, em todas as outras pessoas.

Se Deus criou a tudo, e está em tudo o que há, amar a Deus se torna exatamente a mesma coisa que se amar e amar ao próximo. Dessa forma, necessariamente, o amor não pode estar desvinculado. Se eu não amar a mim mesma, não consigo amar outra pessoa e, sem amar a obra-prima de Sua criação, como poderia dizer sinceramente amar a Deus?

Você consegue não amar uma cartinha que ganhou do seu filho pequeno? Feita com todas as imperfeições do desenho, pintura e escrita de uma criança pequena, essa cartinha ainda será, para você, a mais linda do mundo, simplesmente porque você ama a criança que a fez e o presenteou – essa criança que você ama porque é parte de você, porque ela está em você e você está nela. Seguindo a mesma lógica, se você ama a Deus, como não haveria de amar a si ou aos seus semelhantes, se foram todos criados por Ele, como partes Dele, e em quem Ele próprio está?

Essa é a primeira compreensão que precisamos ter a respeito do amor: se trata de uma tríade – amar a Deus, amar a si, e amar ao próximo. Aqui está a raiz de muitas – se não quisermos arriscar dizer "todas" – as nossas dificuldades. Pois AMAR é o primeiro e principal mandamento de Deus, orientação de Jesus para a nossa vida durante nossa passagem pela Terra. Se falhamos nessa tarefa, se temos dificuldade em cumpri-la, provavelmente falharemos e teremos mais dificuldades em cumprir as que vêm depois dela também.

Algumas pessoas reconhecem sua dificuldade de amarem a si próprias, e mesmo entre as que afirmam estarem seguras desse "autoamor", ainda encontramos facilmente aquelas que são atormentadas por sentimentos de culpa e autocobrança, patologicamente prejudicadas por seus maus hábitos, estagnadas por desacreditarem em seus sonhos e abandonarem seus projetos, paralisadas pelo medo, coagidas pela insegurança e desgastadas pelo estresse ao qual se submetem por escolhas conscientes ou não.

Um tanto quanto contraditório afirmar o "autoamor" nesse contexto, não é mesmo? Mas também não é surpresa que sejamos capazes de nos enganar tanto. Desde ainda antes de Jesus, os profetas já alertavam sobre o fato de que "enganoso é o coração, mais do que todas as coisas" (Jeremias 17:9).

Um dos maiores enganos aos quais estamos sujeitos, todos os dias, é a sutil diferença entre o autoamor e o egocentrismo. Amor e ego se confundem o tempo todo nas nossas relações. Muitas vezes, o que chamamos de "autoamor" ou "amor ao próximo" não passa de uma tentativa de preenchimento das nossas próprias carências e vaidades.

Pensemos por um instante, por exemplo, sobre os nossos excessos em relação aos recursos estéticos e de aparência como um todo, justificados como questões de "autoestima", como se, para nos estimarmos verdadeiramente, fosse suficiente a roupa da moda, o carro do ano, o corte de cabelo do momento, o procedimento estético de última tecnologia. "Por fora, bela viola; por dentro, pão bolorento", já dizia o velho ditado popular tão utilizado pelos nossos familiares mais antigos, como um modo bem coloquial de dizer que autoestima está muito além da aparência.

A busca desenfreada por conquistar, realizar para, enfim, chegar a ser alguém, fez com que, enquanto humanidade, nos perdêssemos completamente dentro dos nossos próprios desejos e seus parâmetros distorcidos. E se está confuso amar a si mesmo, imagine, então, amar ao próximo!

Não conseguimos compreender direito, até hoje, a orientação básica de "amar a Deus sobre todas as coisas e ao próximo como a nós mesmos". Como consequência, está a nossa dificuldade em cumprir a orientação que diz: "tudo quanto quereis que as pessoas vos façam, assim fazei-o vós também a elas (...)" (Mateus 7:12). Essa é, na verdade, uma afirmação bastante esquecida, que cada vez mais perde espaço para a competitividade e a rivalidade que se manifestam diante dos desejos frustrados e das ideias diferentes.

E mesmo quem não se esqueceu de pensar sobre isso, quando tenta colocar em prática, por ter falhado na compreensão da orientação primordial – sobre a tríade do amor –, se confunde na hora de aplicar às suas ações a "regra de ouro". É essa incompreensão e esse desentendimento que levam as pessoas a tentarem justificar atitudes absurdas, dizendo que "foi por amor".

Quando, como pais, cedemos aos desejos de uma criança que quer comer doces antes de uma refeição principal, por exemplo, e dizemos que queremos fazer sua vontade "por amor": será que é amor à criança, ou uma forma de compensar o quanto nós mesmos gostávamos daquele doce e não podíamos desfrutar dele na nossa infância, por alguma razão? É amor à criança ou é a culpa por não conseguirmos nos alimentar de modo mais saudável para dar-lhe o exemplo? É amor à criança, mesmo sabendo que o corpo dela necessitaria muito mais dos nutrientes da refeição principal para se desenvolver ou que, se não houver o devido cuidado com a alimentação, a criança pode vir a ter problemas de saúde no futuro?

Quando não estabelecemos limites em as nossas relações afetivas, familiares, profissionais e justificamos que "o fazemos porque amamos" as pessoas e, portanto, não queremos magoá-las. Será que é amor às pessoas ou simplesmente a falta de disposição de nossa parte para dialogar e gerar um crescimento mútuo por flexibilidade e mudanças de ambas as partes dentro destes relacionamentos? Será que é amor às pessoas ou desamor a nós mesmos?

Além da influência do nosso ego, o modo como expressamos o nosso amor ao outro também está sempre refletindo o modo como amamos a Deus e como amamos a nós mesmos. Quando não tenho a plena confiança que deveria ser consequência do meu amor a Deus e do meu amor a mim, o medo de "perder" a pessoa com quem me relaciono pode me fazer "me doar" em excesso e dizer que foi por "amar demais". Ou, ainda, se sou extremamente carente, posso me tornar agressiva, para fazer dos conflitos uma forma de "ganhar atenção". Também pode ser que, por uma necessidade desequilibrada de controle, eu me torne rígida demais, punitiva demais e cobre demais, para evitar ter que lidar com qualquer tipo de coisa que, para mim, seria considerada um fracasso, ainda que para o outro isso pudesse se tornar um fator de crescimento.

Vejo muito esse último exemplo em pais que desejam uma vida extraordinária – do seu ponto de vista – para seus filhos e, por medo de que isso não se concretize, exercem uma enorme pressão sobre eles, justificando suas cobranças no fato de que, por tanto amar, não querem que venham a sofrer com o que eles, como pais, considerariam um fracasso.

Ao final dessa frase, a gente já nem sabe mais exatamente o sofrimento de quem se está tentando evitar! Imagine na "vida real", para as pessoas envolvidas, quão mais intensa se torna essa confusão na concepção de amor e nas suas expressões por meio das atitudes.

Eu mesma tenho, com toda certeza, "um pezinho" nesse "amor confuso", quando se trata dos meus filhos. Posso afirmar que, se Jesus viesse à Terra em sua forma humana novamente, neste exato momento, e me dissesse que a missão dos meus filhos é grandiosa, iluminada, mas que, para cumpri-la, eles precisariam voltar ao plano espiritual; sem pensar duas vezes, com todas as letras, eu diria "Não!" para o próprio Cristo, porque não existe nada mais importante e necessário para mim, como mãe, do que ter meus filhos junto a mim, sob os meus cuidados. Ainda sugeriria que procurasse substituir os meus filhos nessa missão, pois eu não seria capaz de viver sem eles. É esse o impulso do meu coração de mãe, quando me permito pelo menos pensar em uma situação tão extrema assim.

Entretanto, quando saio da perspectiva do impulso e reflito, considerando a consciência que busco desenvolver a cada dia sobre o amor, me pergunto: como esse sentimento que descrevi pode ser amor? É, seguramente, uma necessidade de ter meus filhos junto a mim para me sentir em paz, e essa necessidade tem rudimentos de amor, mas o amor pleno que Jesus orientou e exemplificou para nós, isso não deve ser.

Penso que o amor pleno ninguém de nós ainda experimentou. Que o melhor que vivemos em nossas relações ainda é um amor mundano, bastante limitado aos aspectos materiais, muito mais relacionado ao apego à forma do que ao amor essencial. Mas também acredito que estamos no caminho e que, com fé, podemos "chegar lá", podemos conseguir amar mais plenamente, quando conseguirmos aprender com Jesus sobre todos os exemplos que Ele deixou por meio de sua vida e, assim, conhecermos melhor a Deus, amarmos mais a nós mesmos e, então, amarmos mais livremente ao próximo.

Penso ainda que, quando isso acontecer, na vida da pessoa que for agraciada com tamanha evolução, tudo mais irá fluir perfeitamente, porque as coisas estarão ajustadas no princípio de tudo.

Acredito que, na prática do nosso amor falho, apegado, egoísta, ainda encontramos várias formas de amar. Pela compreensão das necessidades; pelo saber ouvir; pela demonstração física de afeto, como um abraço; pela demonstração material, como um presente; entre muitas outras experiências que nos dão "mostras" de amor ao longo de nossa existência.

O problema é quando – e não são raras as vezes – nos apegamos às experiências que, para nós, sejam essas "mostras de amor", e passamos a exigi-las das pessoas a qualquer custo, como se elas fossem nossa única forma de amar e de sermos amados. Nesse lamentável cenário, não importa mais o que o amor que eu quero receber vai custar para a pessoa que eu amo, só importa como eu vou me sentir.

No momento em que compreendemos, pelo menos, que estamos todos uma vida inteira "aprendendo a amar" e que cada um aprenderá a seu modo e em seu tempo, atribuindo seus próprios sentidos ao amor, até que consiga amar plenamente, podemos considerar que começamos a caminhar lentamente para um amor mais maduro, segundo o qual começamos a desenvolver a consciência de que cada um oferece o que já tem dentro de si, se alegrando quando há reciprocidade, e compreendendo com compaixão quando não há retribuição.

Até aqui, falando sobre amar a Deus, a si e ao próximo, a reflexão nos levou bastante a pensar esse próximo como aqueles com quem escolhemos nos relacionar, ou por quem já temos alguma tendência a desenvolver o amor, por se tratarem de pessoas próximas. Mas o amor que Jesus veio ensinar não se restringe apenas a esse contexto.

"Mas eu digo, amem os seus inimigos e orem por aqueles que te perseguem." Essa fala, registrada como orientação de Jesus, no capítulo 5, versículo 44 do evangelho de Mateus, é uma das passagens bíblicas em que Cristo orienta a amar a todos, inclusive aos inimigos. Entretanto, considerando que todas as orientações d'Ele foram "para que tenhamos vida em abundância", como poderia me fazer bem amar quem me odeia, quem me persegue, quem eu não gosto?

Ao contrário do que se possa pensar, não basta apenas nos afastarmos e "não desejarmos o mal" para nossos ofensores. Para mim, essas duas atitudes já estariam de bom tamanho em relação a pessoas com quem não compactuo; mas a orientação de Jesus foi muito clara ao dizer para AMAR.

Por mais que pareça que "aí já é demais" para a minha compreensão, amar quem me decepcionou, me feriu, tirou o que era meu. Ainda me recuso a pensar que não exista sentido nisso, pois não é muito "a cara de Jesus" falar coisas sem sentido, não é mesmo?

Inclusive, me lembro de que o próprio Jesus fez isso. O princípio de amar a Deus sobre todas as coisas e ao próximo como a si mesmo – incluindo os inimigos – foi mais um princípio disseminado por Cristo, segundo o qual Ele mesmo viveu de acordo em sua vida terrena, para deixar-nos o exemplo e mostrar-nos que é possível.

Rogou ao Pai que perdoasse os seus crucificadores, em um gesto de compaixão pela ignorância deles. Fez de Saulo de Tarso seu apóstolo, mesmo havendo sido ele, antes, um de seus maiores perseguidores. E assim Jesus amou quem O odiou, antes de dizer que deveríamos e poderíamos fazer o mesmo.

Como mais uma pecinha nesse quebra-cabeça que poderia me dar uma imagem mais clara do amor pleno e essencial orientado por Cristo, me lembro de uma referência, também do evangelho de Mateus (cap. 12; v. 34), segundo a qual "a boca fala aquilo do que o coração está cheio". Jesus falou tanto em amor, perdão, compaixão, aceitação, não julgamento, porque era disso que estava cheio o Seu coração. Isso me faz pensar que, quando o nosso coração estiver assim – e só assim – também conseguiremos.

Partindo dessa premissa, enquanto odiamos ao próximo – seja ele quem for – é porque existe ódio dentro de nós, porque, quando houver somente amor dentro da gente, não haverá nada além disso a ser dado, nem mesmo àqueles que se levantarem contra nós, por alguma razão qualquer que reflita o que estiver dentro deles.

Entendo que o amor que tenho por Deus, por mim e pelo outro seja um único e mesmo amor. Este único amor que está dentro de mim, e não nas atitudes dos outros ou nas circunstâncias. Assim, quando amo alguém, alimento e pratico o mesmo amor que tenho por mim e que tenho por Deus. Do mesmo modo, quando amo a Deus, exercito meu amor para comigo e para com o outro; e quando amo a mim mesma, me torno mais apta a amar o próximo e a Deus. É a tríade do amor, à qual me referi anteriormente.

Quando tenho atitudes contrárias ao amor, contudo, são sentimentos correspondentes que alimento e estimulo dentro de mim, o que evidencia que, além de uma questão de obediência, amar implica também um benefício próprio: quanto mais amo, maior é o bem que faço a mim mesma. Não que devamos fazê-lo visando esse ganho – porque o amor essencial também é desinteressado –, mas, enquanto ainda estamos aprendendo a "amar como Jesus amou", compreender esse amor como uma questão de benefício e de saúde para nós mesmos pode nos ajudar a persistir.

Outra maneira clara de visualizarmos o ganho que há em praticarmos o amor, na busca de que o façamos de maneira plena e essencial, é nos lembrarmos de que estamos – toda a criação de Deus – interconectados e ligados à mesma fonte criadora de vida.

Imagine que somos um único e imenso organismo, um grande corpo com um sistema próprio, em que cada pequena parte tem sua função. Embora essas partes sejam todas diferentes, nenhuma é mais ou menos importante que a outra, mas todas são fundamentais e imprescindíveis para o perfeito funcionamento do sistema que mantém o organismo vivo. Sendo assim, se uma dessas partes adoecer, por menor que ela seja, todo o sistema será prejudicado e, como consequência, todo o organismo adoecerá, de modo que a cura dessa única parte doente se faça do interesse comum de absolutamente todas as outras partes, porque, em suma, todas são uma só.

Pedi para "imaginar" que somos esse organismo, mas a verdade é que o somos, de fato. Somos um. Aqueles a quem amamos e aqueles a quem odiamos são, assim como nós, parte desse sistema. Amar ao outro é amar a mim. O "bom funcionamento" da parte que representa o outro implica o "bom funcionamento" da parte que sou eu e, juntos, constituímos o sistema e damos vida ao organismo ao qual pertencemos, e que é formado por nós.

A conexão que temos com todos os seres vai muito além da nossa aceitação, dos nossos sentimentos ou da nossa vontade de nos relacionarmos com eles. Então, enquanto o outro continuar sendo visto como "apenas o outro", alguém que "nada tem a ver comigo", uma pessoa com quem "não preciso me importar", é como se o "sistema" estivesse falho e, portanto, o "organismo" estivesse cada vez mais propício a adoecer.

É completamente sem sentido pensar em "curar a humanidade" de qualquer mal, se não considerarmos, para isso, a tríade do amor como o principal remédio. Esse sentimento tão popularizado e, ao mesmo tempo, tão desconhecido por nós, seres humanos.

Basta olharmos para o amor de Jesus, para constatarmos a distância que ainda existe entre o amor ao qual fomos orientados e o amor que praticamos nos dias de hoje, mesmo quando temos a melhor das intenções.

Um conceito misturado a apego e paixão é o melhor que alcançamos na maioria das vezes. E, assim, como resultado da falta da compreensão do amor essencial, da falta de amar plenamente a Deus, da falta de amar verdadeiramente a si (e, consequentemente, da incapacidade de amar livremente ao próximo, até o amor limitado e distorcido com o qual nos acostumamos), esse conceito vai se acabando, porque só o amor essencial e pleno é que não tem fim, mesmo quando sujeito às oscilações dos sentimentos que o permeiam.

Poderíamos medir os passos que damos em direção ao amor essencial ensinado por Cristo, ao avaliarmos a perseverança do que chamamos de "o nosso amor" nos momentos de dificuldades. Porque amar a quem, o que e quando é fácil de ser amado não é o suficiente para conseguirmos manter o "sistema funcionando" e o "organismo saudável".

"Amai-vos uns aos outros, como eu vos amei." Palavras de Jesus, registradas no evangelho de João (cap. 13, vers. 34), que se tornam ainda mais interessantes se nos lembrarmos como Jesus amou a Pedro, que o negou, e amou a Judas, que o traiu.

Quando reflito sobre a situação em que Jesus, pouco antes de ser preso a fim de ser crucificado, perguntou a Pedro: "Você realmente me ama?" (João 21:15), observo que houve, da parte de Pedro, um amor confuso, semelhante ao nosso – que afirma amar, mas não age de maneira condizente; e da parte de Jesus, um amor imenso a ponto de não se ressentir, e livre a ponto de não tentar impedir que Pedro o negasse, por respeito ao seu livre-arbítrio, mas de questioná-lo várias vezes, para estimular a sua reflexão, dando-lhe a chance de acessar a sua consciência e, quem sabe, evitar tamanho arrependimento e dor que Pedro sentiria depois de negá-lo.

Esse amor que Cristo trouxe ao mundo não se mostrou como um mero sentimento definido por uma palavra, mas como um conjunto de decisões, de escolhas, de atitudes embasadas em diversos sentimentos nobres.

Só pelos exemplos citados aqui neste livro já é possível identificar no exemplo do amor de Jesus que – por ser o puro amor – Ele escolheu perdoar, não julgar, acolher, acreditar na transformação, respeitar o livre-arbítrio e dar liberdade aos que amou, assim como é muito evidente que Ele sentiu compaixão.

Imagino esse conjunto de boas escolhas e sentimentos nobres como rios correndo para o mar, sendo o mar, nesta metáfora, o conceito mais amplo de amor. Também penso nas atitudes como o nosso sangue, e no amor como as nossas veias, ambos se completando no trabalho de nos manter vivos. E realmente acredito que o amor seja algo vital. Que do amor nascemos, às vezes nos perdemos dele pelo caminho, mas a ele precisamos retornar, como nosso principal destino.

Minha experiência como terapeuta – assim como minha própria vida – me torna cada vez mais segura de que não existe outro caminho para o crescimento humano, que não seja o amor.

Quando vejo pessoas falando em se construir consciência e respeito por meio da violência, me pergunto como seria possível limpar um chão sujo, usando um pano sujo, molhado em água suja? Saber das atrocidades cometidas em manicômios e cadeias, por exemplo, e ter consciência de que lugares de "reclusão, reintegração, reabilitação", que funcionam mais como uma "escola de desamor", se convertem em lugares de onde as pessoas tendem a sair ainda mais distantes da sua natureza de seres espirituais do que quando entraram, me faz acreditar que, realmente, toda forma de educação, correção e responsabilização, também precisa considerar o amor a Deus, a si e ao próximo.

Acredito que não há mal que possa ser curado com outra coisa diferente do amor, assim como não há escuridão que se ilumine com qualquer coisa diferente da luz. Também penso que, se nos reconhecemos como seres "criados à imagem e semelhança de Deus", sabendo que Deus é amor, devemos ter consciência de que também somos, essencialmente, o amor – de modo que a dificuldade de amar represente, então, um distanciamento, ou ainda o desconhecimento de quem somos realmente, porque a nossa essência, o que pulsa dentro de cada um de nós, tem origem no amor puro e incondicional do próprio Deus.

Quando me lembro da máxima de que "o caos está a serviço da ordem", considero que, da mesma forma, o conjunto de opostos aos conceitos que abrangem o amor também pode estar a seu serviço. E valido esse pensamento ao recordar quantas vezes a adversidade nos serve como um "despertador", como um modo de abrir os olhos para alguma coisa que não conseguíamos ver, como um jeito de despertar para alguma questão.

E esse "despertar", mesmo quando acontece de forma abrupta, é uma maneira de trazer novos sentidos à vida, quando qualquer dificuldade ou sofrimento nos guia a uma reconexão com as coisas essenciais, com nossa verdadeira natureza, e nós vamos, aos poucos, humildemente "voltando para casa", para o nosso centro, acabando, geralmente, nos reconectando com o amor.

Do amor partimos e ao amor retornamos cada vez que um grande movimento acontece em nossas vidas. Enxergo essa dinâmica como a maneira de Deus nos ajudar a abdicar dos nossos caminhos destrutivos e retornarmos aos nossos caminhos originais, que começam e terminam no amor e que são os únicos nos quais conseguimos, verdadeiramente, encontrar sentido.

Sempre que falo em sentido, aliás, me lembro de Viktor Frankl – um neuropsiquiatra austríaco, fundador da Logoterapia e da Análise Existencial, que são abordagens psicoterapêuticas fundamentadas no sentido da vida. Ele passou um longo período preso em campos de concentração nazistas e, tornando o sofrimento um objeto de estudo, constatou que a maior força capaz de manter uma pessoa viva, suportando as mais terríveis adversidades, é o sentido que tal pessoa encontra em sua existência, as razões que tal pessoa reconhece para viver.

Assim como Frankl, criei o hábito de me perguntar "o que a vida poderia querer de mim em determinada situação?", questionando-me não com uma postura de vítima, mas com uma postura de quem está disposta a aprender as lições escondidas em cada experiência que preciso viver. E em todas as vezes que me faço essa pergunta, as respostas que mais se repetem são: "aprender a amar a Deus", "aprender a amar a mim" e "aprender a amar ao meu próximo".

E quanto a você?

O que a vida poderia estar querendo de você, por meio da situação que está vivendo agora?

Como você pode fazer deste momento da sua vida uma situação de aprendizados que o ajudem a enfrentar os momentos seguintes com mais sabedoria?

Com base em todas essas reflexões, você consegue perceber coerência no seu modo de amar, segundo a tríade de amar a Deus, amar a si e amar ao próximo?

8

*Não há outro caminho,
ou você aprende a dominar as suas próprias emoções,
ou elas o dominam.*

Capítulo 8
Você, o seu próprio terapeuta!

"Eu vim para que tenham vida, e vida em abundância."
(João 10:10)

Nada na criação de Deus é escasso. As árvores não dão frutos restritos ao que seria apenas o bastante para uma única pessoa; os rios não têm apenas uma espécie de peixes; o oceano não abriga um único tipo de vida; tudo na natureza é abundante e vai muito além do "necessário" ou "suficiente".

Com a nossa espécie, e com a nossa vida, enquanto obra-prima da criação de Deus, não haveria de ser diferente. Fomos criados sob o mesmo princípio de abundância, e nada menos que uma vida próspera e abundante foi o que Deus desejou para nós e o que Jesus veio à Terra para nos ajudar a conquistar, como Ele mesmo disse, nessa fala registrada no evangelho de João (cap. 10, v. 10) – "Eu vim para que tenham vida, e vida em abundância".

Acontece, no entanto, que os acontecimentos da vida, as fatalidades que nos ocorrem, as escolhas que fazemos, os arrependimentos que acumulamos e a desconexão com a essência divina à qual estamos sujeitos na vida terrena, gradativamente, vão construindo dentro de nós os nossos padrões de escassez, segundo os quais vamos nos tornando prisioneiros, conformados com migalhas, pelo medo de que não haja – pelo menos não para nós – nada além desse pouco com que nos acostumamos a sobreviver nos diversos aspectos das nossas vidas, quando, por nos perdermos de quem somos essencialmente, passamos a desconhecer o nosso próprio valor e nos sentir indignos, não merecedores da prosperidade que está disponível para nós desde a nossa criação.

É assim que algumas pessoas se mantêm em relacionamentos abusivos, por acreditarem que, sem esses relacionamentos, estariam sozinhas e seria pior; que outras se apegam aos bens materiais que possuem, por acreditarem que isso é tudo o que puderam conquistar na vida, e que nada além disso seria possível de se conquistar. Existem ainda as pessoas que vivem atormentadas pelo medo de perder, justamente porque já perderam a consciência de que tudo passa e se renova o tempo todo na nossa natureza cíclica; e aquelas que aceitam como "normal" uma condição de saúde física e emocional degradante, por acreditarem que a vida é mesmo feita apenas de dores e sofrimentos.

As inúmeras consequências dessa desconexão com a essência de prosperidade para a qual fomos criados são algumas das razões que levam tantas pessoas a precisarem e – no melhor cenário – buscarem auxílio em tratamentos terapêuticos que ajudem a resgatar a saúde emocional, mental, física e espiritual, que são determinantes para uma vida abundante. No pior cenário, essas pessoas, embora precisem, não buscam esse auxílio, não encontram essa ajuda e se afundam em sua escassez até chegarem a algum extremo que não deixe outra saída que não seja uma mudança drástica.

A abundância que Jesus disse que veio a este mundo para nos proporcionar é fundamentada na conexão com a natureza divina que faz parte de nós, a nossa própria natureza, que é o que nos torna capazes de ter dentro de nós mesmos o único lugar de onde podemos extrair tudo aquilo de que necessitamos para viver uma vida próspera.

Manter a consciência de que temos a mesma natureza divina do próprio Jesus é lembrarmo-nos de que dentro de cada pessoa existe um vasto universo, mais rico do que qualquer coisa que exista no mundo exterior, para assegurar a todos nós o direito de não nos tornarmos reféns das circunstâncias que enfrentamos em nossa vida terrena, onde tudo é efêmero.

Segundo esse princípio, se estou conectada com essa natureza divina e consciente de que ela é a minha natureza, cada vez que eu perder, encontrarei dentro de mim a força para reconquistar; cada vez que o amor humano daqueles com quem convivo falhar para comigo, encontrarei dentro de mim o amor perfeito; cada vez que a dor chegar, encontrarei dentro de mim a minha própria cura – e terei condições de fazer tudo isso, de modo que eu seja sempre livre.

Deus – na sua onisciência, onipresença e onipotência – nunca precisou do ser humano para existir. Ele já era Deus antes mesmo que estes corpos que habitamos fossem qualquer coisa além de pó e também depois que voltam a ser. Mas, por amar as nossas almas, deu a cada um de nós o dom da vida como presente e o livre-arbítrio para fazermos dela o que bem quisermos, com o direito de colher os frutos das nossas escolhas. Dentro de cada um de nós colocou uma espécie de "bússola" chamada "consciência", para ajudar a direcionar as nossas decisões; enviou Jesus para nos dar o exemplo de como usá-la e, assim, nos deu todas as ferramentas para criarmos nossa própria realidade, como autores de nossas próprias histórias e coautores do nosso destino.

Nós já dispomos de tudo o que precisamos para viver, e nada é propriamente nosso, pois tudo passa, se transforma, se renova. Nós já somos tudo o que precisamos ser desde quando fomos criados, e nunca nos sentiremos plenos se estivermos distantes da nossa essência primordial de amor. E o papel das pessoas que nos ajudam a reencontrar o nosso bem-estar nos momentos de dificuldades extremas é, na maioria das vezes, nos ajudar a resgatar essa consciência.

Sempre digo aos meus pacientes de terapia transpessoal que podemos – e devemos – nos tornar os nossos próprios terapeutas; uma vez que o principal papel do terapeuta é auxiliar o paciente– perguntando e ouvindo sem nenhum julgamento – no despertar da consciência que o levará a acessar dentro de si os recursos de cura que se fazem necessários naquele momento.

Independentemente de qual seja o método ou a técnica utilizada pelo profissional, quem realmente promove a cura é o próprio paciente, quando se reconecta com a sua consciência cósmica, com a sua própria natureza divina, quando encontra dentro de si o seu próprio Deus e, por causa disso, se torna capaz de pensar, sentir e agir diferentemente do que vinha lhe causando sofrimento. O terapeuta ajuda o paciente nesse processo, fazendo-lhe as perguntas que podem levá-lo ao encontro dessa consciência, mas é ele quem se move na direção que precisa ir, é ele quem se permite acessar o seu interior.

A LUZ EM MINHA VIDA

Terapeuta por excelência, Jesus sempre pergunta-va às pessoas que o buscavam por alguma necessidade de cura: "Você quer ser curado?" (João 5:6). Diante dos milagres realizados por seu intermédio, costumava acrescentar: "Filha, a tua fé te salvou." (Lucas 8:48). E ainda orientava àqueles que recebiam seus milagres, sobre suas responsabilidades: "Vai-te e não peques mais." (João 8:11), "Levanta-te e anda." (João 5:8).

Nunca ouvi falar de uma situação sequer em que Cristo tenha curado alguém sem que houvesse movimento algum por parte da pessoa doente, o que prova que, desde a época de Jesus em forma física na Terra, e ainda hoje, todo processo de cura implica em autorresponsabilidade.

Quando me lembro das palavras de Jesus Cristo, dizendo que Ele estava no Pai e o Pai estava n'Ele, assim como em nós, e que, por isso mesmo, poderíamos fazer tudo o que Ele fez – e ainda mais – e haveríamos de ter uma vida abundante; quando me lembro disso, entendo que precisamos de uma luz para iluminar o caminho, que os ensinamentos de Jesus são essa luz e que a cada um de nós cabe, portanto, escolher uma direção, e assumir a responsabilidade de caminhar.

Ninguém pode caminhar pelo outro, assim como ninguém pode curar a dor do outro. Somente a própria pessoa, com sua consciência, sua conexão, sua energia e sua fé é quem pode fazer por si o que realmente seja necessário. É possível encontrar vários "ajudantes" pelo caminho: o próprio Jesus iluminando a estrada e apontando a direção com os ensinamentos que deixou, as pessoas que são como anjos, um terapeuta para conduzir a reflexão. Mas o "terapeuta interior" de cada um de nós precisa ser encontrado em algum momento, para que consigamos percorrer nossos caminhos com autonomia e liberdade.

Tornamo-nos nosso próprio terapeuta quando conseguimos aplicar a nós mesmos os princípios que Jesus aplicava ao seu trato com as pessoas. Mais de dois mil anos atrás, Jesus já sabia e praticava o que tanto buscamos hoje nas propostas de diversos tipos de práticas terapêuticas: olhar para o ser humano de modo a enxergar sua alma, encontrar a compaixão por sua dor e a compreensão por suas limitações.

Cultivamos a ideia de que Jesus morreu na cruz para salvar toda a humanidade do pecado e distorcemos a mensagem da cruz quando pensamos que ela se resume apenas a isso. Quando Jesus aceitou carregar o fardo do mundo sobre seus ombros, não o fez como forma de assumir a responsabilidade de cada um dos seres que constituem a raça humana, mas com o intuito principal de proporcionar a referida salvação pelo exemplo de como conduzir com sabedoria, entrega, perseverança e fé, um ciclo inteiro de vida terrena.

Não faria sentido tamanho sacrifício para que fôssemos instantaneamente perdoados, salvos,

A LUZ EM MINHA VIDA

poupados de todas as experiências de dor e sofrimento do mundo físico, sem que precisássemos aprender nada. Também não faria sentido sermos dotados de uma capacidade cognitiva, intelectual e consciencial diferenciada em relação ao restante de toda a criação do universo, se não precisássemos explorar os aspectos dessa consciência para desfrutar plenamente de nossas vidas.

É fato que o sacrifício de Cristo nos permitiu conhecer a graça e a misericórdia de Deus, assim como é verdade que toda Sua vida e morte serviu para nos ensinar que, por meio do desenvolvimento e aprimoramento daquilo que é "fruto do espírito" (Gálatas 5:22-23) em nossas vidas, podemos nos tornar artífices da nossa própria história, experimentando a realidade de toda dor ou prazer de sermos responsáveis por tudo o que cativamos ao longo de nossa existência.

Jesus tinha seu modo de conduzir as pessoas à exploração dos aspectos de suas consciências, de conferir-lhes responsabilidades, ao mesmo tempo que as acolhia, amava e perdoava. Fazia isso por meio de perguntas que gerassem reflexão e também por meio do ensino, de forma didática, fazendo uso de metáforas condizentes com o contexto no qual estava inserido.

Quando pediu a Pedro que desse continuidade aos Seus ensinamentos, não exigiu a construção de templos nem o cultivo de rituais, mas o orientou a levar Sua palavra a todos que a quisessem conhecer, a fim de que essa mensagem ajudasse cada um a encontrar a luz.

A religiosidade do mundo "depois de Cristo" sempre atraiu toda a atenção para a morte e ressurreição de Jesus, em detrimento da mensagem de amor que Ele pregou e viveu durante os 33 anos em que viveu como homem na Terra que habitamos depois d'Ele, mas, embora a morte e ressurreição tenham sido partes muito importantes de Sua história – e da nossa história enquanto cristãos –, a mensagem que ele veio pregar, ensinar, e exemplificar com sua vida não só é a maior parte da história, como também é a parte à qual mais precisamos recorrer no nosso dia a dia.

Quando Jesus encontrou-se com Saulo de Tarso pela primeira vez, e perguntou-lhe: "Saulo, por que me persegues?", é claro que Ele sabia a resposta, mas utilizou-se da pergunta para que Saulo, ao responder, tivesse a oportunidade de refletir. Assim, Jesus, sabiamente, conduzia a pessoa ao confronto com suas próprias sombras, sem precisar acusar-lhes, ciente de que haveria um efeito muito mais poderoso no reconhecimento do erro partindo da pessoa para consigo, do que de uma tentativa de convencimento por parte de outrem.

Será que esse método de suscitar reflexão por meio de perguntas que levassem as pessoas a encontrarem as respostas dentro de si funcionava? Basta lembrar de como Saulo de Tarso se tornou o apóstolo Paulo.

Saulo de Tarso era um homem de poder em sua época, e usava toda sua energia e influência contra a obra que Jesus havia iniciado. Jesus conhecia o seu trabalho, assim como conhecia o fato de que a mesma força que Saulo canalizava para agir contra Ele poderia ser revertida para agir em Seu favor – um mesmo ser, uma mesma força, apenas movida por uma consciência diferente. Depois do encontro com Jesus, Saulo ficou cego, e depois de recuperar a visão – física e espiritual –, deixou de ser perseguidor para ser seguidor de Cristo, e um dos maiores disseminadores de Sua mensagem pelo mundo (Atos 9:1-20).

Sendo nossos próprios terapeutas, nos cabe fazer a nós mesmos as perguntas que Jesus fazia aos outros para proporcionar-lhes as transformações de que necessitavam. Sou minha própria terapeuta quando me pergunto: "Danieli, você quer ser curada? Danieli, por que me persegues? Danieli, a que vens, para que estás aqui?".

E o processo de cura começa a se instalar quando – como uma paciente colaborativa com o próprio processo –, ciente da responsabilidade que tenho sobre minha melhora, respondo honestamente a essas perguntas e tomo as providências que me cabem diante das respostas.

Você pode estar se perguntando se não é óbvio demais que toda pessoa doente queira ser curada. Não, não é! Algumas pessoas não querem, realmente, a cura, porque a dor, a doença se tornam uma espécie de "apoio" ou uma "fonte de afeto" à qual o paciente se apega de tal modo que não consegue mais imaginar como seria viver uma vida sem ela. A cura requer coragem, autorresponsabilidade, posicionamento de "levantar e andar", "ir e não pecar mais", como disse Jesus nos exemplos que utilizei aqui, para representar as mudanças que são necessárias em nossos processos de cura também.

Talvez você esteja se questionando, ainda, sobre como fazer para si a pergunta "por que me persegues?", pensando que seria impossível perseguir a si próprio. Outro equívoco! A autossabotagem que praticamos no dia a dia é uma forma de se "autoperseguir", de boicotar as próprias conquistas, de impedir o próprio crescimento. Além disso, praticamos a autoperseguição quando nos martirizamos pela culpa, quando cultivamos sentimentos de incapacidade e indignidade, quando nos colocamos na posição de um "salvacionista", como se necessitássemos estar sempre fazendo tudo pelo outro para nos sentirmos melhores ao nosso próprio respeito, quando alimentamos o sentimento de inferioridade por meio das comparações que fazemos entre nós e aqueles sobre os quais criamos alguma ilusão de perfeição.

Reconhecer a possibilidade de recusa à cura por apego ao que "lucramos" com a dor e identificar as diversas maneiras de praticarmos a autoperseguição traz a necessidade de – como um terapeuta de si mesmo, pelo exemplo de Jesus – se perguntar: a que vens, para que, afinal, estás aqui?

Quando me faço essa pergunta: "A que vens, Danieli, para que estás aqui?", sinto como se dissesse à minha própria consciência: "Pare por um instante e pense no que está fazendo. Ainda há tempo de mudar. Reflita e verá que neste caminho não tem encontrado serenidade, e que onde não há serenidade, não há verdade. Se quer a verdade, mude a direção e caminhe com liberdade".

Vejo que a maior importância de cultivarmos o hábito de nos fazermos essas perguntas sempre que for necessário atuarmos como nossos próprios terapeutas está no fato de que Cristo foi muito claro ao nos apresentar o conceito de eternidade, não como um privilégio d'Ele, mas como uma característica inerente a todos nós – seres espirituais e eternos.

Ao materializar-se diante dos seus, três dias depois do seu sacrifício, Jesus veio evidenciar a continuidade da vida espiritual, mostrando que o que morre é apenas o corpo, além do qual ainda existe muita vida. Portanto, "intercambiamos" pela vida material para aprender o que é necessário para a nossa evolução, ao longo dessa experiência terrena que fomos autorizados e destinados a viver com abundância. "Eu sou a ressurreição e a vida. Aquele que crê em mim, ainda que morra, viverá." (João

11:25). "Eu vim para que tenham vida, e vida em abundância." (João 10:10).

Se não vemos, contudo, outras pessoas – além de Cristo – que morreram e ressuscitaram, retornando alguma vez à forma humana, essa é mais uma evidência de que o plano material que conseguimos enxergar é apenas um aspecto da nossa existência, uma parte da experiência de vida da nossa alma.

Com todo respeito àqueles que dizem que "Jesus vai voltar", eu acredito que Ele nunca se foi, e que é por esse motivo, inclusive, que o tempo continua dividido apenas entre "antes" e "depois" d'Ele, ainda hoje, quando seus ensinamentos continuam tão atuais quanto na época em que pisou este mesmo chão.

Assim como acredito que Jesus não tem por que "voltar" se Ele nunca se "foi", também acredito que já estamos na vida abundante que Ele prometeu. Que a tal "vida em abundância" não é um privilégio reservado apenas a quem "for para o Céu", mas para todos aqueles que, aqui mesmo na Terra, conseguirem seguir o exemplo que Cristo veio deixar e experienciar a afirmação que Ele fez sobre nós ao dizer coisas como "vós sois Deuses", ou "vocês farão tudo o que eu fiz e ainda mais", ou "estarei contigo até o fim dos tempos". Desse modo, a proximidade com Jesus Cristo será a chave que abrirá a porta de uma vida essencialmente próspera, apesar de todas as adversidades a que estamos sujeitos.

A proximidade com Cristo é o que nos aproxima do amor, e viver sob a perspectiva do amor é uma das coisas que mais garante uma vida abundante em todos os sentidos aqui neste mundo material. O que acontece, no entanto, é que às vezes gastamos tanta energia para tentar "fugir da dor" que pouca energia resta para buscar o amor.

Quando falamos em vida abundante, precisamos compreender que desfrutar dessa vida que Jesus prometeu não significa que não sentiremos dor, mas sim que, ao passar pelas dificuldades – quaisquer que sejam –, poderemos nos sentir amparados e confiar que Deus continua sendo Pai, que nós continuamos sendo filhos e que a alegria continua existindo, para além da tristeza; que a paz continua existindo, para além da tribulação.

Não que a vida seja um sofrimento, mas o sofrimento faz parte da vida, e muito tem a nos ensinar quando o nosso "terapeuta interior" está em ação. É desse modo que a "vida em abundância" se torna, também, um exercício de paciência, de fé, de perseverança, de tolerância, de compreensão, bem como de todos os outros sentimentos e emoções que fazem parte do que experienciamos por meio do nosso corpo aqui nesse mundo, ao qual viemos para evoluir, e que se tornam muito mais fáceis de serem assimilados e desenvolvidos quando nos permitimos aprender com o exemplo de Jesus.

Quando uma pessoa consegue se tornar o seu próprio terapeuta, promovendo o despertar da sua consciência por meio da autoanálise, da observação dos próprios sentimentos e comportamentos, e da autorresponsabilidade sobre suas mudanças, o que poderia ser apenas a dor de um relacionamento tóxico se torna uma oportunidade de aprender a desenvolver autoestima; o que poderiam ser meros conflitos profissionais se tornam uma oportunidade de desenvolver autoconfiança; o que poderia ser apenas uma dificuldade financeira se torna uma oportunidade de crescimento.

Em uma vida abundante, as virtudes não vêm até nós prontinhas em um embrulho de presente, mas por meio das situações que nos ajudam a aprendê-las, e que nos dão a oportunidade de exercitá-las. E no desenvolver e exercitar dessas virtudes é que mais precisamos seguir os passos de Jesus pelos caminhos do autoconhecimento, da liberdade, do perdão, da fé, do livre-arbítrio, da transformação e do amor, porque estes são os pilares fundamentais de uma vida próspera.

Ao contrário do que muita gente pensa, a vida abundante que Jesus viveu, morreu e ressuscitou para que a tivéssemos vai muito além da prosperidade material. Acho muito interessante um ditado que diz que "tem gente que é tão pobre, mas tão pobre, que só tem dinheiro". Realmente, o dinheiro, sem qualidade de relacionamentos, sem saúde emocional, sem vida espiritual, sem consciência em evolução não assegura prosperidade nenhuma a ninguém. Mas embora o dinheiro, sozinho, não garanta uma vida abundante, esse bem material é, sim, um aspecto complementar da prosperidade.

Quando Jesus perguntou: "(...) que adianta ao homem ganhar o mundo inteiro e perder a sua alma?" (Marcos 8:36); a reflexão proposta com a pergunta é acerca do cuidado que se deve tomar para que a busca pelo dinheiro não chegue ao ponto de corromper a alma. Mas não significa que ter dinheiro, necessariamente, implicaria a perda da alma; ao contrário, é muito possível que, para pessoas suficientemente conscientes, a posse do dinheiro ajude a promover muito bem em sua própria vida, na vida dos outros, e no mundo de modo geral.

Esse "perder a alma" não significa somente chegar ao fim da vida e perceber que poderia ter agido de maneira diferente. O maior risco que devemos observar, nesse sentido, é o risco de perder a alma ainda em vida, por passarmos a viver "só de matéria", com os dias resumidos a comer, dormir, pagar contas, resolver problemas, fazer sexo, trabalhar, viajar, satisfazer desejos, lidar com frustrações, sentir ansiedade pelo próximo final de semana e repetir esse ciclo.

Quando se vive dessa maneira, a alma vai se perdendo do principal propósito de vida abundante, de evolução ao longo da experiência de vida na Terra, pois a existência de quem vive assim passa a ser firmada em bases que não são sólidas o suficiente para sustentarem uma vida próspera.

"Onde estiver o seu tesouro, aí também estará o seu coração." Como bem lembrou Jesus, por meio dessa fala registrada no livro de Mateus (cap. 6, v. 21), aquilo a que damos maior importância é o que ocupa a parte mais significativa de tudo que somos e do tempo que temos. Isto se torna um problema quando cedemos ao impulso de buscar prazeres imediatos, "como se fôssemos morrer amanhã"; ou ao impulso de negligenciarmos as nossas necessidades mais reais de cuidados com a saúde, com os relacionamentos, com as emoções e com o espírito, paradoxalmente, "como se nunca fôssemos morrer" ou como se "as consequências nunca fossem chegar".

Todos esses comportamentos, buscas, hábitos e prioridades nos dão pistas de "onde está o nosso tesouro". E eu diria que, nesse "baú", nem todas as joias são perigosas, algumas são muito maravilhosas, aliás; o que é perigoso é a intensidade com que colocamos nosso coração em função delas.

O paladar, o prazer sexual, a adrenalina, a sensação de descanso, a realização pelo trabalho, a riqueza do conhecimento, tudo isso é, na verdade, um presente divino para enriquecer nossa experiência mundana; mas "perdemos a nossa alma" no excesso, quando nos deixamos aprisionar pelo desejo de acumular todas essas joias em nosso "baú do tesouro", em detrimento dos aspectos imateriais da vida, que são ainda mais importantes.

"Não ajunteis tesouro na terra, onde a traça e a ferrugem tudo consomem, mas ajunteis tesouro no céu." (Mateus 6:19-20). Essa orientação é a chave para desfrutarmos da abundância material "sem perder a alma", mas, para conseguir segui-la, precisamos estar conscientes, atentos ao momento presente, o que é um grande desafio nos dias de hoje.

A sensação que muitos de nós carregamos na maior parte do tempo é a de que, se pararmos de nos preocupar com o futuro, ficaremos "à mercê do destino" ou seremos vítimas da repetição dos acontecimentos do passado. Então, presos ao passado e ansiosos para controlar o futuro, ficamos nessa "gangorra" entre o ontem e o amanhã enquanto o hoje passa despercebido, ainda que saibamos que o hoje é tudo o que temos de fato.

Como disse, sabiamente, o Mestre Oogway: "O ontem já passou, o amanhã é um mistério, e o hoje é uma dádiva, por isso é que se chama presente". É no presente que temos a chance de ressignificar o passado e construir o futuro, pela consciência com que vivemos o agora, e não pela tentativa vã de controlar o amanhã.

Quando investimos muita energia em tentar controlar o amanhã, passamos a depender de realizações externas para nos sentirmos felizes: "Quando tal coisa acontecer, serei feliz", "quanto eu tiver mais tempo, conseguirei me relacionar melhor", "quando eu tiver mais dinheiro, irei me cuidar devidamente", "quando o meu filho entrar na faculdade, eu vou pensar em realizar aquele meu sonho".

E, pensando assim, corremos o grande risco de "apenas sobreviver" durante longos anos, por priorizarmos conquistar algo no futuro que, talvez, quando finalmente conquistarmos, nem nos proporcione todo sentimento de paz, alegria, felicidade, satisfação, liberdade e gratidão que imaginávamos que iríamos sentir, porque essas sensações estão muito mais relacionadas com o que está dentro de nós do que com o que esperamos acontecer à nossa volta.

Vejo que a religião prega muito o princípio da abnegação, fundamentada no exemplo do desapego de Jesus às coisas materiais. Mas eu, particularmente, acredito muito que, mesmo sem precisar fazer nenhum tipo de "voto de pobreza", Cristo foi o exemplo perfeito de acumular tesouros no Céu, ao invés de tesouros na Terra, onde viveu com total desprendimento, mas usufruindo de toda abundância, sem se deixar aprisionar por desejo algum.

Quando tento seguir esse exemplo de Jesus Cristo, percebo que não há nenhum mal em buscar a prosperidade material, exceto quando essa busca leva a pessoa a uma condição de miséria emocional, porque, nesse caso, acontece a "perda da alma", sobre a qual falei anteriormente. E não existe nenhum tipo de fatura material que seja capaz de suprir uma miséria emocional. São necessidades distintas, e é ilusão pensar que uma preenche a outra.

Assim, a vida abundante também requer equilíbrio. Comida em excesso mata, falta de comida também. Água em excesso mata, falta de água também. Excesso de calor mata, ausência total de calor também. O que mostra que o maior desafio não está em encontrar os recursos abundantes para a experiência da nossa existência, mas em equilibrar o uso que fazemos deles.

De modo complementar à orientação de não acumular tesouros na Terra, e sim no Céu, o evangelho de Mateus (cap. 6, v. 33) traz também a seguinte instrução: "Buscai primeiro o Reino de Deus e a Sua justiça; e as demais coisas vos serão acrescentadas". Considero esta, mais uma metáfora bíblica de "ferver os neurônios". A parte que se refere à necessidade de equilíbrio na busca pela prosperidade material é até simples de se compreender, mas e quanto à questão de "buscar o Reino de Deus"?

Com toda certeza, esse "Reino de Deus" não significa nenhum templo ou qualquer lugar físico especificamente. O que seria, então, segundo o meu entendimento, buscar o Reino de Deus? Consultando o meu "terapeuta interior" novamente, respondo para mim mesma que um "Reino" é o lugar que o "Rei" habita; portanto, o Reino de Deus é o lugar onde Ele está. E onde Ele está, afinal? Encontro nas palavras do apóstolo Paulo a resposta: "(...) o corpo de vocês é santuário do Espírito Santo que habita em vocês, que lhes foi dado por Deus." (I Coríntios 6:19).

Deus está dentro de mim, de modo que buscar o Reino de Deus seja buscar o encontro mais íntimo que é possível ter comigo mesma. E o mesmo se aplica a você e a todos os outros filhos do Pai, que receberam, como assegurou Jesus, esse mesmo Espírito.

É maravilhoso conseguir perceber que Deus está muito mais perto do que parece, ao mesmo tempo que é tão desafiadora a ideia de "buscar o Seu reino", quando isso significa ir ao nosso próprio encontro, visto que, muitas vezes, não estamos muito seguros de quem somos de verdade nesse mundo onde quem vive não é propriamente o Ser, mas a personagem que assumimos para carregar nossa personalidade, nosso nome, nossa profissão, nosso estado civil e nosso status social.

Acontece que esse Deus que habita em mim e em você não será encontrado enquanto o buscarmos na nossa personagem, porque Ele não está expressamente na personalidade de ninguém, mas profundamente na consciência de quem assumiu essa personalidade. Assim, para encontrar o Reino de Deus e a Sua justiça, a fim de que todas as outras coisas nos sejam acrescentadas e nos assegurem uma vida abundante, o primeiro pré-requisito é conhecer a nós mesmos, para nos tornarmos quem somos de verdade: seres espirituais, destinados a uma experiência de vida física por meio de um corpo em cuja consciência o Espírito do próprio Deus habita.

Quando alguém passa a se conhecer e expressar sua natureza espiritual, toda a escassez dessa pessoa se esvai, porque a essência de todos os seres é a abundância.

No meu caminho ao encontro de mim mesma, na minha busca pelo Reino de Deus existente dentro de mim, logo no início me deparei com a dura realidade de que uma grande parte da minha vida não foi uma vida abundante em muitos aspectos.

Por muito tempo eu estive doente e descrente da minha capacidade de promover minha própria cura. E isso se aplicava tanto à cura física, quanto às feridas emocionais acarretadas pelo meu passado, no qual se destacavam, na minha visão, os meus erros e dores, que representavam as raízes dos meus sentimentos de indignidade e incapacidade, bem como a minha necessidade inconsciente de autopunição.

Desde a infância eu apresentava uma sensibilidade e fragilidade excessivas. Estava sempre "lutando contra" algum sintoma das diversas doenças com as quais já fui diagnosticada, e essa luta me deixava ainda mais frágil e emocionalmente vulnerável. Rinite e outras "-ites", reumatismo e outras "doenças de velho", depressão e outras "doenças da alma" – foram alguns dos diagnósticos que recebi.

Aos 22 anos de idade, recebi o diagnóstico mais desafiador com o qual já tive que lidar: a fibromialgia – uma síndrome clínica que apresenta como principais sintomas dores no corpo inteiro (especialmente nos músculos), fadiga, perda do sono restaurador, ansiedade, alterações intestinais e depressão.

Nas minhas frequentes idas ao médico, quando me perguntavam "onde doía", a resposta era sempre a mesma: do topo da cabeça aos dedos dos pés, sem poupar sequer a ponta do nariz. Essas dores eram intensas, e grande parte do meu tempo era dedicada a buscas (geralmente frustradas) por eliminar cada sintoma, isoladamente.

Quando fui diagnosticada com a síndrome da fibromialgia, além das dores, eu passei a sentir muita revolta. Eu não queria aceitar aquele corpo que me impunha aquela doença. Parecia errado ser, ao mesmo tempo, tão jovem e tão limitada. A minha condição me entristecia, e chegou a um ponto em que a dor alimentava a tristeza, a tristeza alimentava a dor e, sem enxergar outra saída, eu me cobrava de ser saudável, de dar conta de tudo, de fazer o que precisava ser feito, independentemente da dor ou da tristeza, o que agravava ainda mais os sintomas.

Certamente, a parte mais difícil foi aceitar a necessidade de aprender a lidar com algo que, embora eu sentisse com tanta intensidade, não era possível de "ver", não tinha uma causa que eu conseguisse compreender, nem um tratamento específico no qual eu pudesse ter esperança de "ficar bem" dentro de um prazo determinado. Tudo era muito vago e incompatível com a vida que eu queria viver.

Percebi que a minha vida estava se resumindo aos meus tratamentos malsucedidos e, quando me vi exausta por tanto "cuidar de doenças", decidi investir mais em saúde, por meio da busca por conhecimento e da mudança de comportamento.

Estudando a fibromialgia e as doenças psicossomáticas, comecei a compreender a relação entre as dores físicas e as questões emocionais, e entendi que, embora a fibromialgia em si não tenha o reconhecimento de uma causa específica, as minhas dores tinham raízes muito mais profundas do que um anti-inflamatório poderia alcançar.

Também descobri que, quanto mais eu tentasse "combater", "eliminar", "me livrar" dessas dores, mais intensas elas se tornariam, pois se tratavam, na verdade, de um convite a olhar para as minhas carências, fragilidades, traumas e necessidade excessiva de validação e de proteção.

Essas dores eram minhas professoras, portanto, eu precisava aceitá-las como tais e aprender a acolher a doença, com respeito à mensagem que os seus sintomas vieram me trazer como, por exemplo, o ensinamento de que eu não precisava "dar conta de tudo a qualquer custo"; que eu deveria me permitir descansar quando fosse necessário; que eu precisava aceitar e acolher as minhas falhas, me reconhecendo como uma pessoa que tem todo o direito de errar para aprender; que eu não dependia da validação do outro, porque, mais importante que a validação alheia, era a minha consciência sobre mim; e, principalmente, que eu jamais conseguiria "expulsar" um sintoma, situação ou fase da vida, sem antes aprender as lições que a referida circunstância trouxesse.

Sim, todos esses sentimentos, percepções e padrões tão comuns "na correria nossa de cada dia", quando acumulados, em algum momento "implodem" e causam dores físicas reais e intensas, que nos trazem a necessidade de olhar para essas questões e sair dessa direção, pela qual seria insustentável continuar caminhando.

Quando percebi que não adiantaria mais "lutar contra" a doença, eu me abri para acolhê-la e aprender a conviver com ela, ciente de que, ao contrário do que se possa pensar, "conviver com a doença" não significa, necessariamente, "se casar com os sintomas". A síndrome da fibromialgia me fazia sentir como "um automóvel superpotente que estava sem combustível", mas aprender a conviver com a doença me deu autonomia para buscar esse combustível e reaver o meu movimento.

O meu principal combustível foi o autocuidado, o cuidado que ninguém – além de mim mesma – poderia ter para comigo. Atividades físicas, momentos de lazer, momentos de descanso, massagens, recursos para restabelecimento do sono foram práticas que, aliadas à medicação prescrita, me ajudaram a recuperar a minha qualidade de vida.

Como consequência, aos poucos fui substituindo a "autopiedade" pela empatia em relação a mim mesma e em relação ao outro. Acolher a minha dor e fragilidade para, a partir desse acolhimento, recuperar a minha força, me ajudou a, naturalmente, ser capaz de validar as dores físicas e emocionais de outras pessoas com uma compreensão mais real, compassiva e desprovida de julgamentos.

Nem todas as doenças podem ser curadas, e penso que é certo que seja assim, porque às vezes realmente precisamos de alguns sintomas para enxergar, acolher e aprender coisas que, de outro modo, desfrutando de plena saúde, provavelmente nunca conseguiríamos.

Eu posso não estar "curada" das doenças consideradas incuráveis como a febre reumática – sobre a qual contei anteriormente – e a fibromialgia, mas desde que aprendi a ser minha própria terapeuta, tenho conseguido não "precisar dos sintomas" com tanta frequência e por muito tempo, porque não resisto mais a olhar, aceitar, acolher, aprender e transformar as crenças, comportamentos e padrões que me sejam nocivos, e mantenho viva a lembrança de que tenho um poderoso amigo a quem recorrer para me auxiliar, sempre que preciso retornar ao caminho de autoconhecimento, liberdade, perdão, fé, livre-arbítrio, transformação e amor, no qual é possível reencontrar a paz pela conexão com a natureza de Deus dentro de mim e pela proximidade com Jesus.

Essa é a maior necessidade e o maior benefício em nos empenharmos para encontrarmos esse nosso "terapeuta interior" e nos tornarmos o nosso próprio terapeuta: "No mundo tereis aflições, mas tende bom ânimo, porque Eu venci o mundo" – nos recorda Jesus, por meio do evangelho de João (cap. 16, v. 33), o mesmo evangelho no qual Ele nos informa que podemos fazer tudo o que Ele fez, e ainda mais (cap. 14, v. 12).

É pela orientação de Cristo, tanto quanto pela minha própria experiência, que conduzo os processos terapêuticos dos meus pacientes visando tornar-lhes os seus próprios terapeutas, porque todos precisamos dessa autonomia. Nos momentos em que mais necessitamos de ajuda, geralmente, com quem podemos contar de maneira presente, real e eficaz, é com a nossa própria consciência ativa e ninguém mais.

Independentemente de termos uma bela rede de apoio, amigos e familiares presentes, profissionais renomados e uma infinidade de recursos disponíveis, todos estamos sujeitos a momentos de dor e solidão em que não há nada que alguém possa fazer por nós, porque a experiência é nossa, e a necessidade de aprendizado também. É nessas horas que mais precisamos estar aptos a nos fazermos os questionamentos dos quais emergirão as respostas que levarão às reflexões de que necessitamos para seguir em frente com a cura, o aprendizado, a transformação, a superação, a evolução ou o que quer que seja necessário.

Acompanhei, recentemente, um interessante caso de uma paciente que vinha resistindo em assumir autorresponsabilidade. Quando lhe disse que nada mais haveria que eu ou qualquer outro profissional pudéssemos fazer por ela, se ela não estivesse disposta a agir de maneira colaborativa com o próprio processo, até imaginei que ela não retornaria mais à minha clínica.

No entanto, ela retornou, dessa vez mais consciente e disposta ao movimento que, no caso dela – como em tantos outros – começava com a necessidade de perdoar sua mãe pelas feridas que foram causadas durante a sua infância.

Depois de compreender que sua mãe lhe oferecera apenas o que tinha dentro de si (e que, do mesmo modo, o que ela ofereceria haveria de ser o que estava dentro dela), ela conseguiu, além de perdoar, doar à mãe o amor que ela tinha, o amor que ela queria ter recebido da mãe, mas acabou suprindo com um amor diferente, vindo de outras fontes.

Este representa o momento em que a pessoa reconhece que aquilo que ela "não teve", por mais que tenha feito falta, por mais que tenha causado danos, não precisa aprisionar a pessoa na condição de vítima para sempre. O fato de não ter recebido o amor esperado da mãe, não precisa vitimá-la eternamente, se ela não se permitir tornar-se, também, uma pessoa incapaz de amar. Ela pode ser farta do amor que encontrou em Deus, dentro de si, em suas outras relações, e superar a falta do amor materno pelo reconhecimento do amor que ela mesma tem a oferecer.

Como consequência desse movimento de perdão e amor, ela conseguiu tomar decisões que há tempos não tinha coragem de tomar. Libertou-se de um trabalho e um relacionamento aos quais se mantinha "presa" por acreditar que não era digna de algo melhor. A crença (inconsciente) que a aprisionava nessa condição era algo no sentido de: "Se não fui digna do amor da minha mãe, não sou digna de um amor melhor em minhas relações afetivas, tampouco de condições melhores em minha vida profissional".

Compreender o que antes interpretava como "desamor" por parte da mãe ajudou essa paciente a se conectar com o amor que havia dentro dela e à sua volta. Conseguir doar amor, possibilitou-lhe sentir-se mais digna. E trabalhando o seu próprio sentimento de amor e dignidade, ela passou a atrair relações mais amorosas e dignas para si.

Isso acontece porque, quando a pessoa se dispõe a um processo de autoconhecimento, liberação de perdão, despertar da consciência, conexão com a fé, ponderação sobre o livre-arbítrio e ação para transformação, todo esse movimento consciente muda a qualidade da vibração dessa pessoa. Vibrando em uma frequência diferente, a pessoa passa a atrair coisas diferentes para si, compatíveis com essa nova energia.

Esse é mais um exemplo de como tudo acontece partindo da nossa consciência. Onde há vida, há consciência, e onde há consciência, deve haver autonomia. O papel do terapeuta é ajudar a despertar essa consciência para conferir essa autonomia. Porque o processo de cura consiste em caminhar por uma longa estrada, na qual o que mais importa é conseguir caminhar livre, sem ser refém das próprias emoções e sensações, pois, só assim – com consciência e liberdade – conseguimos percorrer nossos caminhos aprendendo e crescendo com todos os acontecimentos, mesmo nas inúmeras vezes em que eles não são prazerosos.

Pelo aprendizado proveniente de tudo isso que vivi e continuo vivendo dia após dia, criei o hábito de me perguntar: o quanto ainda poderia fazer por mim, que não tenho feito devido a algum resquício da falta de fé em mim mesma? Ao me permitir essa reflexão, atuo, mais uma vez, como minha própria terapeuta; e como minha própria paciente, quando reconheço a resposta com honestidade, assumindo responsabilidade sobre aquilo que preciso aceitar ou transformar.

Enquanto escrevo estas linhas, penso muito nas pessoas que podem se beneficiar deste mesmo encontro – consigo mesmo e com um Deus mais próximo – que transformou a minha vida de tantas formas. Penso nos profissionais que podem aplicar estes mesmos princípios aos seus trabalhos; nos inúmeros cristãos que só conhecem o Cristo que está na cruz ou em um altar do qual os seres humanos comuns jamais seriam dignos de se aproximarem; nos cristãos que são conscientes de que Jesus não está mais na cruz, mas ainda não sabem como trazê-lo para perto de si.

Mas continuo pensando, especialmente, em mim. No quanto eu mesma posso e preciso me conectar ainda mais com todas essas verdades, e usufruir sabiamente da dádiva de ter conquistado esse grande amigo, que me ajudou a encontrar dentro de mim a terapeuta de que eu mais precisaria por toda a minha vida, me tornando capaz de assumir a responsabilidade sobre a minha cura, todas as vezes que o sofrimento aparecer.

Quando me recordo de que, nos momentos de indecisão, hoje tenho a opção de me perguntar "o que Jesus faria se estivesse em meu lugar", me sinto grata por saber que, até nas vezes em que, mesmo conhecendo a resposta, ainda não sou capaz de fazer exatamente o que Cristo faria, eu ainda tenho essa luz a me guiar. E isso me traz a calma de saber que cedo ou tarde poderei experimentar a tão sonhada paz de espírito que alcançamos quando conseguimos seguir o exemplo do Mestre.

Sinto que a consciência tranquila por dar cada novo passo em direção a uma vida mais próxima do exemplo da vida de Cristo na Terra já é um vislumbre da paz, da vida abundante à qual se referiu Jesus.

E é com esse sentimento que encerro este livro, desejando que tudo o que propus neste trabalho não sejam apenas "palavras ao vento", mas reflexões, embasamentos e *insights* capazes de o impulsionar ao caminho da iluminação interior, no qual poderá se conhecer e se tornar quem você é de verdade, neste caminho que é só seu, e no qual desejo, sinceramente, parafraseando Jesus, que brilhe a vossa luz!